Go! Go! 화성 탐험대

우주여행하는 어린이를 위한 안내서

뮈리엘 쥐르셰 글 | 캉델라 페란데즈 그림 | 최린 옮김 | 전은지 감수

그린애플

화성이 궁금한
어린이 친구들에게

우리는 가끔 화성으로 이사 가는 상상을 합니다. 지구에서처럼 화성에서도 아침에 일어나 햇살을 바라보고, 아침밥을 먹을까요? 자전거를 타고, 학교에 가서 친구를 만나 이야기를 나누며, 선생님과 함께 공부할 수 있을까요? 우리는 화성에서도 평범한 일상을 이어 갈 수 있을지 궁금해요.

달에는 이미 사람이 다녀왔지만, 화성에는 아직 사람이 가지 못했어요. 화성은 달보다 멀어서, 사람을 보내려면 준비할 것이 많거든요. 그동안 우리는 사람 대신 바퀴 달린 로봇들을 화성에 보냈어요. 그 로봇들이 화성 구석구석을 돌아다니며 우리가 몰랐던 사실들을 알려 주고 있지요.

하지만 아직 우리는 화성에 대해서 모르는 것이 많아요. 태양계에서 지구와 가장 비슷한 행성인 화성을 더 알아야만, 진짜 화성으로 이사를 갈 수 있을지, 이사를 가려면 어떻게 해야 할지 알 수 있을 거예요.

그래서 우리가 직접 화성에 가려고 합니다! 이 책은 화성 여행에 어떤 준비가 필요한지 꼼꼼하게 알려 줘요. 멋진 우주여행을 준비하다 보면 천문학과 우주 항공 기술에 대한 지식도 채울 수 있고요. 누가 알겠어요? 언젠가 우리나라가 화성 탐사선을 쏘아 올릴 때, 여러분이 미리 준비한 것들이 우주 비행사로 뽑히는 데 유용하게 쓰일지 몰라요! 자, 붉은 행성 화성으로 같이 떠나 볼까요?

항공 우주 공학자
전은지 선생님

차례

당장 준비를 해요!

여행 가방에 무엇을 챙길까요?
- 특수 선크림 ... 8
- 멋진 수영복 ... 10
- 따뜻한 패딩 점퍼 ... 12
- 근사한 우주복 ... 13
- 최신 스마트폰 ... 14

화성에는 누가 살까요?
- 생명체 발견하기 ... 16
- 생명체는 물이 필요해요! ... 18

화성은 어떻게 생겼을까요?
- 밤하늘 바라보기 ... 20
- 오늘 밤, 화성을 관측해요! ... 22
- 화성 관측 사진이에요! ... 24
- 두 얼굴의 붉은 행성 ... 26
- 이름이 왜 화성일까요? ... 27

조목조목 화성 관찰하기
- 과학자처럼 조사하기 ... 28
- 멋진 화성 탐사 ... 30

2020년, 화성의 해
- 로봇보다 먼저 가고 싶어요! ... 32
- 화성에 간 로봇들 ... 34
- 인간은 왜 화성에 가려고 할까요? ... 36
- 지구인의 생활 속 작은 우주 항공 산업 ... 38
- 쉬는 시간 ... 40

화성을 향해 이륙!

붉은 행성 여행, 달 여행과 비슷할까요?
- 아주 긴 무중력 여행 ... 42
- 화성까지 배달이 되나요? ... 44
- 달 로켓으로는 화성에 갈 수 없어요 ... 46

우주 비행사와 로켓을 타요!
- 우주 비행사로 뽑히려면? ... 48
- 화성의 공동생활 미리 체험하기 ... 50

화성에 언제 도착하나요?
- 출발하는 시기에 따라 달라요 ... 52
- 성공을 위한 수많은 연구 ... 54

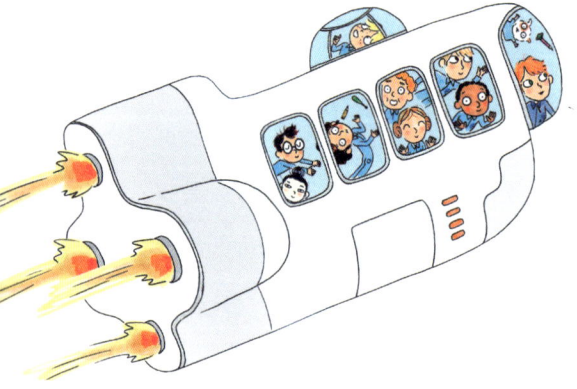

창밖에 화성이 보여요!
　화성에도 달이 있을까요? 56
　극지방의 흰 반점은 무엇일까요? 58
쉬는 시간 60

드디어 도착했어요!

착륙 후 그다음 할 일은?
　우주선은 어떻게 착륙할까요? 62
　얼마 동안 머무를까요? 64

일기 예보를 확인해요
　화성의 평상시 날씨는? 66
　무시무시한 솜사탕 68

화성에서 멋진 집 짓기
　지하에 지은 집 69
　집을 발명하기 70
　궤도를 도는 집 72

일상생활은 어떨까요?
　무엇을 먹을까요? 74
　무엇을 마실까요? 75
　어떻게 숨 쉴까요? 76
　어떤 에너지를 이용할까요? 77

탐험하러 밖으로 나가요 78
쉬는 시간 80

지구로 돌아갈 시간이에요!

어떻게 귀환할까요? 82
화성 여행이 정말 가능할까요? 83
화성을 지구처럼 바꾸기
　화성이 또 다른 지구라고요? 84
　화성을 어떻게 바꿀까요? 86
쉬는 시간 88

우주 과학자의 용어 사전 90

"내일, 우리는 화성으로 여행을 떠날 거예요!"

화성

선생님께서 이렇게 말씀하셨을 때,
우리는 당연히 농담이라고 생각했어요.
아직 이 붉은 행성에 발을 들여놓은 지구인은
한 명도 없거든요!
그런데 내일 당장 진짜로 화성 여행을 떠난다니,
모두 놀라서 입이 떡 벌어졌지요.
우리 반은 화성을 탐험하는 첫 번째 지구인이 되기
위해 정말 열심히 공부했어요!
자, 우리와 함께 화성으로 떠날 준비가 되었나요?
멋진 여행이 될 거예요!

당장 준비를 해요!

여행 가방에 무엇을 챙길까요?

반 친구들 모두 이 다섯 가지 물건은 반드시 챙겨야 한대요.
여러분, 절대 잊으면 안 돼요. 왜냐하면 화성에는
백화점이나 슈퍼마켓이 없으니까요!

특수 선크림

화성에서도 태양으로부터 피부를 잘 보호해야 해요. 그런데 지구에서 쓰는 선크림으로 충분하지 않다는 걸 금방 알게 될 거예요. 화성에서 태양은 게임 속 무기 같아요. 강력한 독성 광선을 내뿜는 대포라고요!

매 순간 태양이 화성 주위로 전기 입자를 분출하고 있어요. 이런 현상을 **태양풍**이라고 해요. 태양 활동이 활발할수록 태양풍이 강하게 불어요.

지구는 방패 역할을 하는 **자기장**에 둘러싸여 있어서 태양풍을 걱정할 필요가 없어요. 자기장이 태양풍을 우주로 굴절시키거든요.

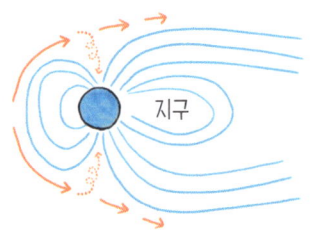

우주의 모든 방향에서 매우 높은 에너지를 가진 입자선인 **우주 방사선**이 흘러나오고 있어요. 태양풍도 우주 방사선의 한 종류이지요.

태양 입자가 극지방에서 대기와 만날 때 웅장한 오로라가 나타나요. 사람들이 유일하게 볼 수 있는 태양풍의 흔적이에요.

우주에서는 지구의 대기층이 우주 비행사들을
더 이상 보호할 수 없어요. 우주 비행사들은 태양풍에게
엄청난 공격을 당할 거예요!

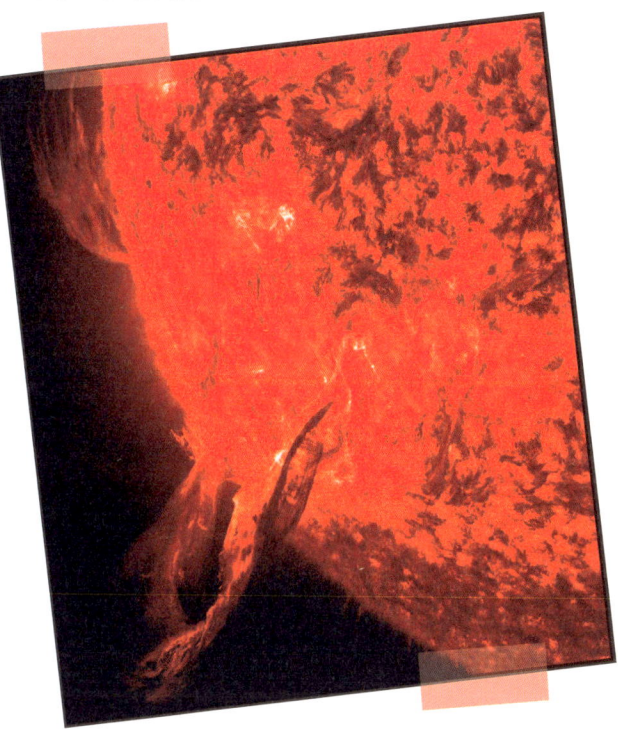

태양풍과 우주 방사선에 노출되면
심각한 병에 걸릴 수도 있어요.
이것들은 너무 강력해서
로켓이나 건물의 벽도
그냥 통과할 수 있어요.
선크림으로 막아 내기에는
어림도 없어요!

어떻게 이 문제를 해결할 수 있을까요?
도움이 될 만한 몇 가지 방법을 알아봐요!

우주에서 바비큐 되지 않는 법

태양 활동이 활발할 때 외출하지 않도록, 우주 일기 예보를 확인해요.

지름이 4~6m인 물방울 안에서 생활하는 건 어떨까요? 물방울이 보호해 줄 거예요.

일단 화성에 도착하면 오래된 지하 용암 동굴 안에 집을 지어요. 화성에는 동굴이 많거든요.

어두운 지하에서 사는 것이 싫다면, 진흙이나 얼음으로 집을 지어요.

아, 그리고 외출하기 전에 우주복을 갖춰 입는 걸 절대로 잊어서는 안 돼요!

여행 가방에 무엇을 챙길까요?

멋진 수영복

우리 반 아이들은 모두 수영하는 걸 좋아해요. 하지만 수영복을 가져갈 필요는 없어요. 화성에서는 수영을 하지 못할 테니까요! 지구인의 발가락을 좋아하는 화성 상어 때문이라고요? 아니에요! 단지 화성 표면에 물이 없기 때문이에요.

약 40억 년 전에는 화성에 엄청 많은 물이 흘렀대요. 화성에서 발견한 자갈과 강의 흔적, 호수와 바다의 자취가 화성에 한때 물이 흘렀었다는 증거이지요.

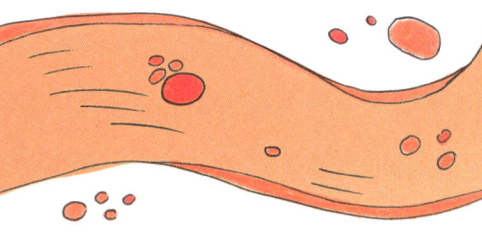

그런데 화성은 오래전 두 가지 보호 장치를 부분적으로 잃어버렸어요. 바로, 대기와 자기장이에요. 이 보호 장치가 태양풍을 제대로 막아 내지 못하면서 화성의 환경이 변했어요.

지금 화성은 흙먼지만 풀풀 날리는 거대한 사막을 닮았어요. 모래사장은 보이는데, 바다가 없어요!

화성에도 물이 있기는 해요. 화성의 지하와 **극관**에 얼음의 형태로 있어요. 날씨가 더우면 얼음이 곧바로 수증기로 변해요. 이런 현상을 **승화**라고 하지요.

여행 가방에 무엇을 챙길까요?

따뜻한 패딩 점퍼

우리는 화성의 표면 온도를 조사해 보고, 만장일치로 패딩 점퍼를 가져가기로 결정했어요.

화성에는 비가 내리지 않기 때문에 우비는 필요하지 않아요. 하지만 화성의 기온은 어떨까요? 추울까요, 더울까요? 수업 시간에 패딩 점퍼를 챙겨야 할지 토론을 했어요. 우리는 추위에 떨고 싶지 않거든요. 더구나 극지방을 탐험할 때는 더욱 추위에 대비해야 해요!

화성이 지구보다 더 추울 수밖에 없어요. **방사체**인 태양에서 평균 1.5배 더 멀리 떨어져 있으니까요.

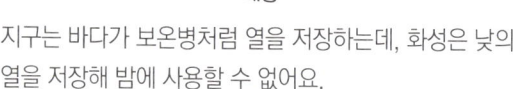

 화성    지구   태양

화성의 대기층은 아주 얇아서, 열을 가두어 두는 덮개가 되지 못해요.

지구는 바다가 보온병처럼 열을 저장하는데, 화성은 낮의 열을 저장해 밤에 사용할 수 없어요.

12

근사한 우주복

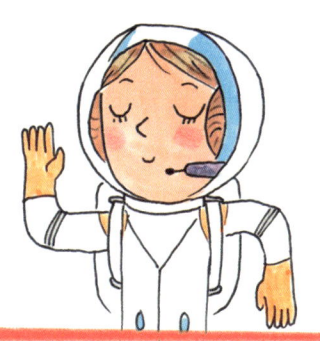

두꺼운 우주복을 입으면 몸이 따뜻해서 좋아요. 하지만 우주복을 입는 가장 중요한 이유는 살아남기 위해서예요! 영화에서도 별을 탐험하는 사람들이 우주복 없이 한 발자국도 움직이지 않잖아요. 우주복이 최신 로봇처럼 근사하게 생겼다는 것도 좋아요. 사이즈와 스타일도 다양하답니다!

우주 비행사의 패션쇼

우주 비행사에게 옷은 단지 멋지게 보이기 위한 수단, 그 이상이에요.

우주복은 숨 쉴 공기를 운반하고, 먼지 폭풍으로부터 우리를 보호해요. 우주복 헬멧의 챙은 광선을 걸러 내 쾌적한 온도를 유지해 줘요.

화성에서는 **압력**이 낮아, 물이 0~5℃에서 끓기 시작해요. 우주복은 압력을 높여서 혈액, 침, 눈물 등 우리 몸에 있는 물이 끓는 걸 막아 줘요. 그러니 우주선에서 내리기 전, 우주복 입는 걸 깜빡하지 말아야겠죠!

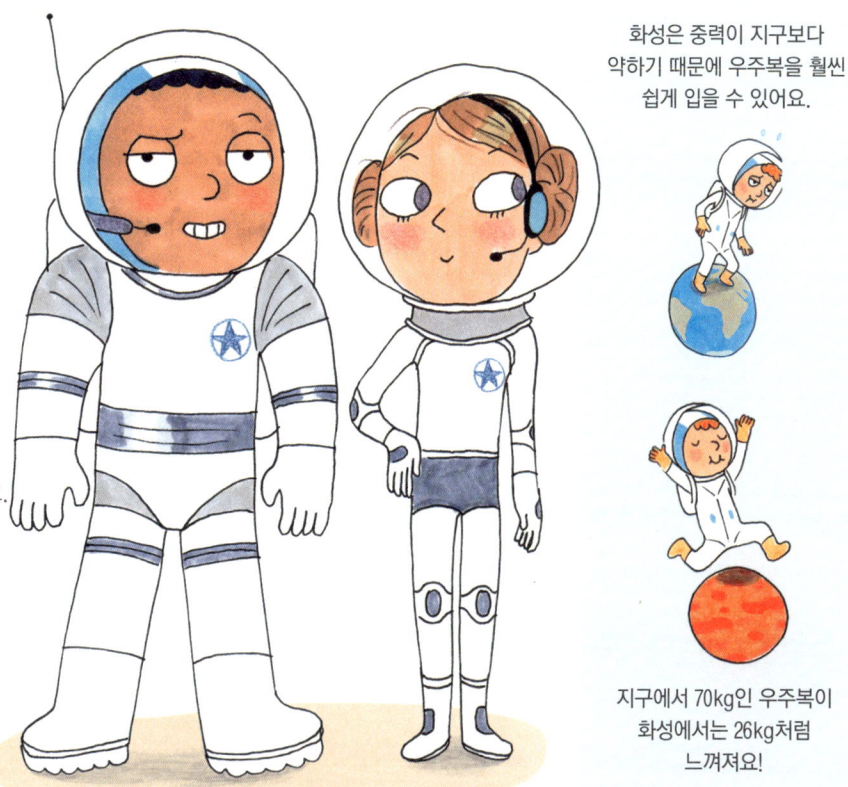

화성은 중력이 지구보다 약하기 때문에 우주복을 훨씬 쉽게 입을 수 있어요.

지구에서 70kg인 우주복이 화성에서는 26kg처럼 느껴져요!

여행 가방에 무엇을 챙길까요?

최신 스마트폰

우리가 화성을 여행하는 동안, 부모님들은 우리 소식이 엄청 듣고 싶을 거예요. 그래서 여행 가방에 꼭 스마트폰을 챙기려고요. 지구에 남아 있는 친구들에게 셀카를 보낼 상상도 해요. 그런데 간단한 문제가 아니래요!

화성에는 전화도 없고 인터넷도 없어요. 의사소통을 하려면 직접 만나거나, 무선 통신 또는 화성 주위를 도는 탐사선을 이용해야 해요. 지구와 화성 사이의 거리가 너무 멀어서, 전파가 이동하는 데 3분에서 20분이나 걸려요. 그래서 통신 속도도 느리지요. 게다가 태양이 두 행성 사이에 올 때, 전파는 지나가지도 못해요!

통신 문제는 화성 표면을 돌아다니며 조사하는 기계인 로버를 원격 조종할 때에도 생겨요. 그러니까 로버에게 명령을 내릴 때 너무 조급하게 서두르면 안 돼요!

로버를 조종하는 팀은 24시간을 화성에 맞춘 특별 시계를 사용해요. 화성에서 한 시간은 지구 시간으로 대략 61.65분이에요.

탐사선 **인사이트**가 화성에 착륙할 때 찍은 화성 사진이에요.

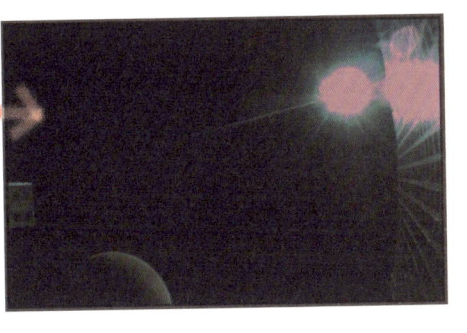

작은 여행 가방 크기인 쌍둥이 **위성**, 마르코 덕분에 실시간으로 지구에 사진을 보낼 수 있어요. 임무를 완수한 마르코-A와 마르코-B는 '월-E'와 '이브'라는 별명을 얻었어요. 이들을 개발한 사람들이 애니메이션 주인공의 이름을 따 지어 줬지요. 마르코-A, B는 지금도 태양 주변 궤도를 돌고 있답니다.

화성에 가면 지구인들과 대화할 수 없으니 너무 지루할 거예요! 쉬는 시간에 누구랑 놀까요?

화성에는 누가 살까요?

우리는 피스타치오 라즈베리 마카롱을 가져가서 화성인들에게 선물할 계획이었어요. 그런데 선생님께서 "선물은 필요 없단다."라고 말씀하셨어요.

영화에서 본 것과 달리, 화성에는 피부색이 푸르뎅뎅하고 요상한 화성인이 없어요!

생명체 발견하기

40억 년 전 화성은 따뜻한 대기가 있고 물이 흐르는 지구와 닮은 모습이었어요. 그래서 과학자들은 오래전 화성이 생명체가 나타날 조건을 갖추고 있었다고 생각해요. 화성에서 생명체를 찾기 위한 연구를 멈추지 않는 이유이지요.

다른 점을 찾아보세요.

40억 년 전 화성

현재의 지구

화성은 얼음과 먼지로 이루어진 사막이에요. 지금까지 생명체의 흔적은 발견되지 않았어요. 하지만 로봇이 화성 대기에서 **메탄**을 감지했을 때 작은 희망이 생겼어요.

지구에서 메탄은 주로 생명체에서 나와요. 소의 방귀와 트림에 아주 많지요. 그러나 메탄은 지표와 깊은 땅속 활동에서도 나올 수 있어요.

2020년에 아랍 에미리트는 탐사선 **아말**을, 중국은 **텐원 1호**를, 미국은 **퍼서비어런스**를 화성에 보냈어요. 이 탐사선들이 미생물 화석과 같은 고대 생명체의 흔적을 발견할지도 몰라요. 그러면 생명의 출현에 대한 신비를 푸는 데 큰 도움이 되겠지요.

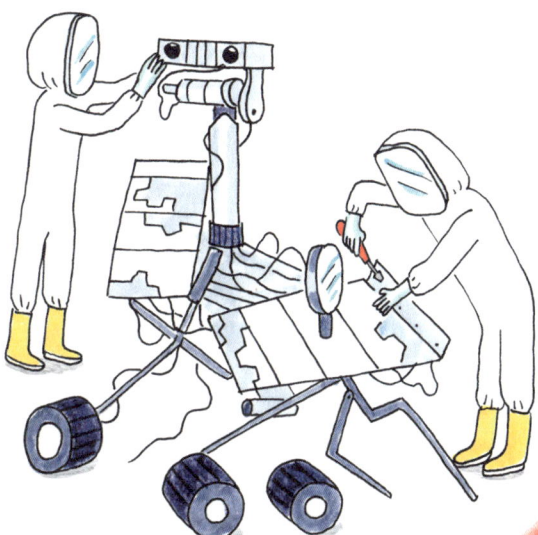

지구 미생물로 화성을 오염시키지 않으려면, 짐을 전부 멸균 처리해야 해요! 화성에 보낸 로봇들도 그랬거든요!

화성에는 누가 살까요?

생명체는 물이 필요해요!

물이 없으면 생명체도 없어요. 그런데 화성의 물은, 부모님이 우리 몰래 숨긴 생일 선물 같아요. 구석구석 모든 곳을 찾아봐야 하거든요!

생명체의 존재는 물이 있느냐 없느냐에 달려 있어요. 2018년에 화성 남극의 빙하 1.5km 밑에서 호수를 발견하며, 화성에 생명체가 존재할 거라는 희망이 생겼어요.
생명체를 확인하려면 우선, 호수가 있는지 확인해야 해요. 땅속을 직접 파 보기 전까지는 확실히 알 수 없어요! 게다가 생명체는 빛과 산소도 없이 얼음이 얼 정도로 낮은 온도를 견딜 수 있어야 해요.

지구에는 극한의 환경에서 살 수 있는 미생물이 있어요. 이들이 사는 곳은 화성의 환경과 아주 비슷하답니다.

크립토엔돌리스 CRYPTO-ENDOLITHE
- 분류: 지의류
- 능력: 바위 속에서 살 수 있다

클로스트리디움 CLOSTRIDIUM
- 분류: 혐기성 세균
- 능력: 산소가 필요 없다.

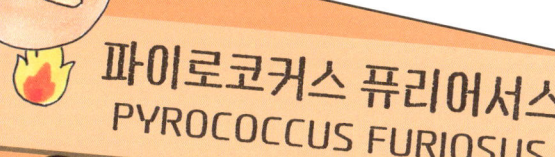

파이로코커스 퓨리어서스
PYROCOCCUS FURIOSUS

- 분류
호열성 미생물
- 능력
100℃가 넘는 뜨거운 환경에서 산다.

화성에서 생명체를 찾으려고 지구의 극한성 생물들을 그려 넣은 카드를 만들었어요. 화성 탐험 중에 생명체를 만나면 이 카드로 알아볼 수 있을 거예요!

클라미도모나스 니발리스
CHLAMYDOMONAS NIVALIS

- 분류
호냉성 녹조류
- 능력
빙하 지역에서 살 수 있다.

할로페락스
HALOFERAX

- 분류
염생 미생물
- 능력
염분이 아주 많은 환경에서 산다.

화성은 어떻게 생겼을까요?

얼른 화성에 가서 생명체의 흔적을 찾고 싶어요.
적절한 착륙 장소를 선택하려면 화성 지리를 공부해야 해요.
선생님께서는 우선 화성 관측 역사부터 알아보라고 하셨어요.

밤하늘 바라보기

선사 시대에는 텔레비전은 물론, 태블릿 컴퓨터도 인터넷도 없었어요. 대신 사람들은 하루가 끝나면 누워서 실컷 별을 볼 수 있었어요! 우리도 선사 시대 사람들처럼 밤하늘을 바라보는 건 어때요?

인간은 오래전부터 하늘, 그중에도 특히 화성에 흥미를 느꼈어요. 4000년 전에 쓴 천문학 문서가 있을 정도이지요! 놀라운 일도 아니에요. 화성은 지구보다 작지만, 그 붉은색은 항상 관심을 끌었거든요.

화성과 지구 크기 비교

17세기에 유명한 천문학자 **갈릴레오 갈릴레이**가 굴절 망원경을 완성했을 때, 과학자들은 화성이 지구와 많이 닮았을 거라고 생각했어요. 대륙과 바다가 있고, 계절에 따라 다양한 식물이 사는 행성을 상상했지요.

과학자들은 실제로 화성의 바다가 말라 있고 고대 화산과 먼지 폭풍, 거대한 **단층**을 보고 있다는 걸 전혀 짐작하지 못했대요!

20세기 초반에 **미국인 퍼시벌 로웰**과 몇몇 천문학자들은 화성인들이 용수로를 이용해 극지방의 물을 들판으로 끌어내고, 배를 타고 항해했다고 생각했어요!

관측 장비가 발전하면서, 1965년 탐사선 **매리너 4호**가 화성을 촬영했어요. 사막과 얼음으로 뒤덮인 모습이 화성의 진짜 얼굴이었지요.

이제 우리는 망원경으로 화성을 얼마든지 볼 수 있어요. 퍼시벌 로웰의 망원경만큼 크지는 않지만, 우리도 화성 사진을 찍을 수 있게 되었어요!

화성은 어떻게 생겼을까요?

오늘 밤, 화성을 관측해요!

천문학자는 화성을 관측하기 전에 날씨를 먼저 관찰해요. 지구의 하늘에는 구름이 없어야 하고 화성에는 먼지 폭풍이 일지 않아야 해요. 이 두 조건을 만족하면 천문 관측에 완벽한 날씨랍니다.

지구와 화성은 태양을 중심으로 공전하고 있어요. 하지만 태양으로부터 같은 거리에 있지 않고, 같은 속도로 공전하지도 않아요. 분명 화성은 망원경 렌즈 안에 오래 머무르지 않을 거예요. 다행히도 망원경에는 항상 정확한 축을 맞춰 주는 작은 모터가 있어서 화성을 따라 옮겨 갈 수 있어요.

화성은 시속 82,000km 정도로 지구보다 느리게 움직여요.

지구는 시속 108,000km로 돌진해요.

성공적인 천문 관측 요령

따뜻한 옷을 준비해요.
밤에는 기온이 떨어져서 추울 거예요.

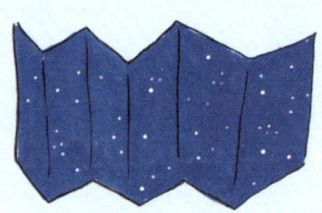

천문도를 가져가요.
별이 너무 많아서 길을 잃기 쉬워요.

붉은빛 손전등을 준비해요.
이 손전등은 눈이 부시지 않아요.

우리는 차례로 망원경을
들여다보았어요.
천문학자는 우리가 화성의
어떤 면을 관측하고 있는지
설명해 주었어요.
정말 멋진 밤이에요!

- ☑ 스타 플레이 게임 3단계 돌파하기
- ☑ 털이 길고 몸집이 큰 개 키우기
- ☑ 0점 받았다고 혼나지 않기
- ☑ 여름 방학 때 놀이동산 놀러 가기

소원 목록을 준비해요.
별똥별 하나당 소원 하나가 이루어진대요!

화성은 어떻게 생겼을까요?

화성 관측 사진이에요!

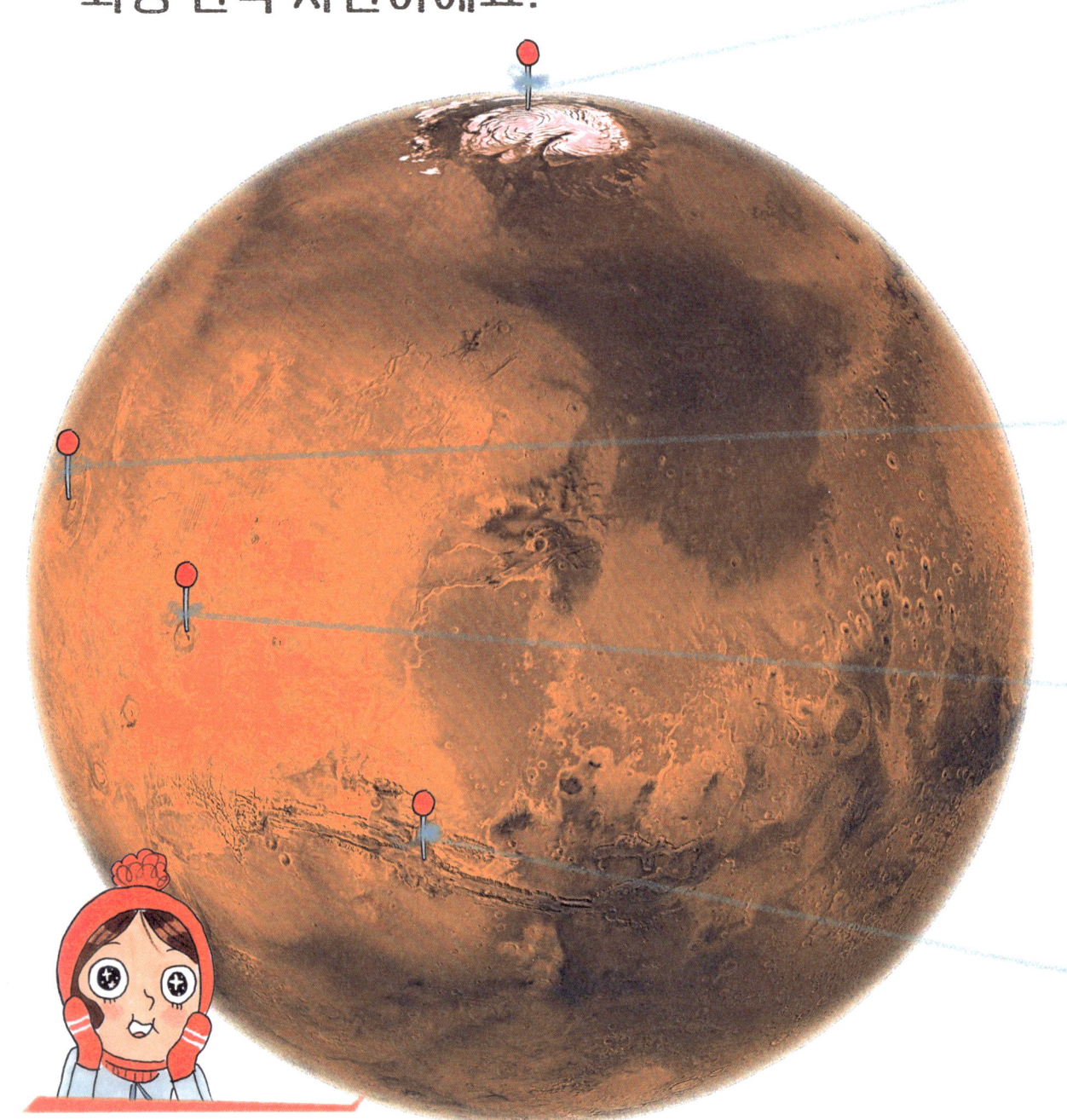

우리가 밤새 관측해 찍은 사진이에요.
화성은 너무 아름다워요!

화성 북극의 극관

화성 북극과 남극에는 이산화 탄소와 물이 꽁꽁 얼어 있는 극관이 있어요.

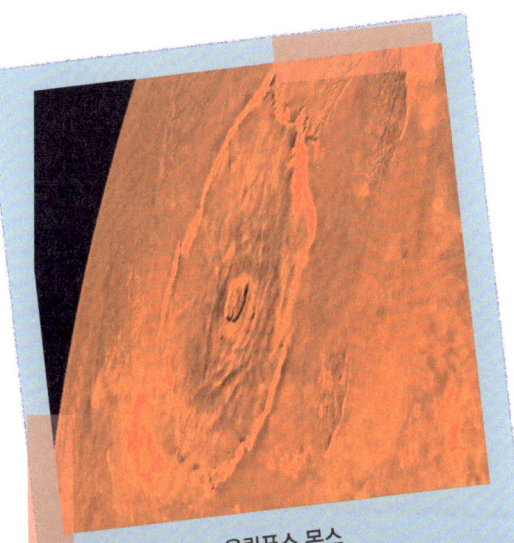

올림푸스 몬스

태양계에서 가장 큰 화산이에요! 고도가 20km가 넘는다고 해요. 정말 굉장하지요!

극지방, 화산, 평야, 협곡…
우리는 이미 이런 지형들을 알고 있어요, 그렇죠?

매리너 계곡

길이가 3,000km가 넘고, 가장 깊은 곳의 깊이가 8km 인 거대한 협곡이에요.

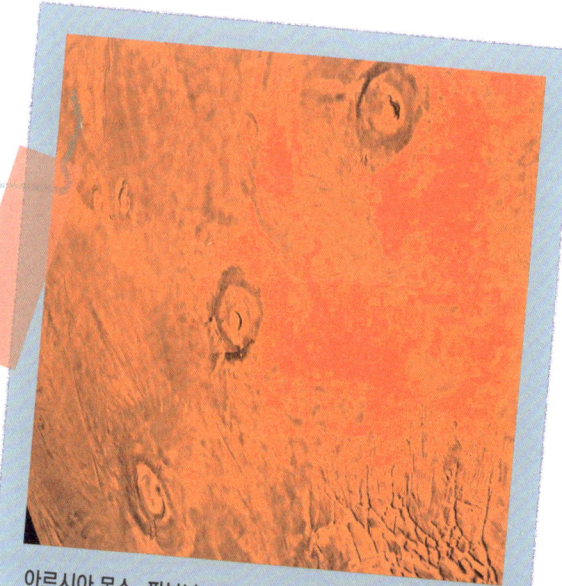

아르시아 몬스·파보니스 몬스·아스크라이우스 몬스(아래→위)

타르시스 고원에 있는 3개의 거대한 화산이에요. 이 지역은 직경 5,500km, 고도가 4~8km로 솟아올라 있어요.

화성은 어떻게 생겼을까요?

두 얼굴의 붉은 행성

화성의 남극과 북극은 너무 달라서, 누군가 서로 다른 행성을 반쪽씩 잘라 붙인 것 같아요. 마치 우리가 크리스마스 장식 공을 만들 때처럼요.

화성의 두 극은 정상이 빙하로 덮여 있어요. 겨울에는 남쪽이 더 춥고 겨울도 길어요. 그래서 남쪽 극관이 가장 크답니다. 그런데 여름이 되면 상황이 바뀌어요!

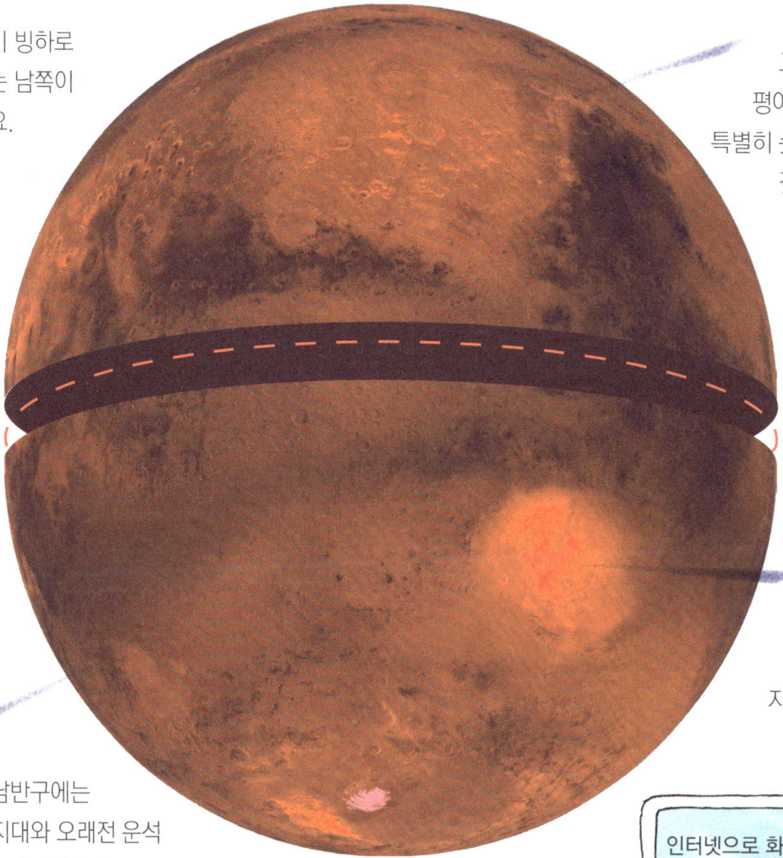

북반구
고도가 낮은 넓은 평야로 되어 있어요. 특별히 솟아오른 언덕도, 깊은 계곡도 없이 평평해요.

헬라스 분지
화성에서 가장 큰 **크레이터**예요. 지름 2,100km이지요.

남반구
북반구와 반대로, 남반구에는 고도가 높은 고원 지대와 오래전 운석 충돌로 만들어진 크레이터가 많아요. 크레이터는 시간이 지나면서 먼지로 채워지고, 가장자리가 닳아서 모양이 바뀌었어요.

인터넷으로 화성을 방문하려면 https://www.google.com/maps/space/mars 로 들어가세요.

이름이 왜 화성일까요?

선생님께서 갑자기 우리에게 이 수수께끼 같은 질문을 했어요. 우리는 네 명씩 모둠을 만들어서 30분 동안 답을 고민했어요. 어느 모둠이 답을 찾았을까요?

대 한 민 국

이름: 화성
성별: 구별 없음
생년월일: 40억 년 전
크기: 지름 6,779 킬로미터

화성 **

주민 등록증 <<<<<<<<<<<<<<<<<<<<<<<
880692310285 화성 <<<<<<<<<<<<<<<<
<<<<<<<<< 6512068F6

화성의 붉은색은 전투에서 흘린 피를 생각나게 해요. 그리스 사람들은 화성을 전쟁의 신, '아레스'라고 불렀어요. 로마 사람들도 따라서 전쟁의 신 '마르스(Mars)'로 화성의 이름을 지었어요.

화성이라는 이름이 이렇게 오래전에 지어졌을 줄이야! 아쉽네요. 화성의 이름이 초콜릿이나 캐러멜과 관련 있었다면 좋았을 텐데요! 이제, 화성이 왜 붉은색인지 알아봐야 해요. 딸기 시럽이 흘러서일까요?

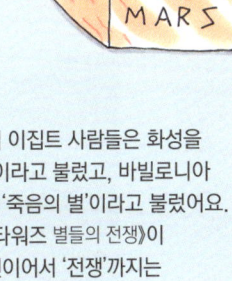

그 이전에 이집트 사람들은 화성을 '붉은 것'이라고 불렀고, 바빌로니아 사람들은 '죽음의 별'이라고 불렀어요. 영화 《스타워즈 별들의 전쟁》이 나오기 전이어서 '전쟁'까지는 생각 못했나 봐요!

조목조목
화성 관찰하기

화성에서 토양 샘플을 가지고 돌아온 로봇은 아직 없어요. 하지만 과학자들은 화성이 붉은색인 이유를 알아냈어요. 과학자들이 마법을 부리는 것 같지 않아요?

과학자처럼 조사하기

선생님이 휴가를 다녀오시며 우리에게 짙은 붉은색 흙을 가져다주셨어요. 이 흙으로 화성이 붉은색인 이유를 알아보려고 해요. 과학자들이 조사했던 것들을 다시 해 볼 거예요. 그럼, 연구실로 가볼까요!

1단계: 관찰

🌏 **지구**

선생님이 흙을 구해 온 프랑스 남부의 살라구 호숫가를 주의 깊게 관찰하는 것으로 조사를 시작했어요. 우리는 우선 사진부터 살펴봤어요. 분명히 그곳의 흙은 화성의 땅처럼 붉디붉어요!

🔴 **화성**

화성을 관찰하기 위해, 과학자들은 망원경으로 찍은 사진과 화성 주위를 도는 위성이 찍은 사진을 자세히 살펴요. 그리고 행성 표면을 다니는 로봇인 로버들이 찍은 사진도 확인해요.

2단계: 시료 채취

🌍 지구

선생님이 호숫가에서 실험 재료가 될 흙을 삽으로 담아 오셨어요. 이것을 **시료**라고 불러요.

🔴 화성

화성에서는 일이 조금 더 복잡해요. 로버가 땅을 파서 시료를 채취해요. 과학자들이 이 로버를 원격으로 조종해요.

3단계: 분석

🌍 지구

시료를 분석하기 위해 연구실로 보내요. 잘 포장해서 소포로 부치면 돼요.

🔴 화성

로버는 채취한 시료를 지구로 보낼 수 없어요. 그래서 로버가 직접 분석을 하도록 기기가 장착되어 있어요. 로버는 분석 결과만 전송하면 돼요.

4단계: 결론

호숫가의 흙처럼, 화성의 흙이 붉은색을 띠는 이유는 **산화 철**을 함유하고 있기 때문이에요.
이 흙들은 녹슨 먼지와 비슷하다고 할 수 있어요.

선생님의 수수께끼를 마침내 해결했어요.
로버의 활약이 대단했어요!
물론 우리들도 멋졌고요!

조목조목 화성 관찰하기

멋진 화성 탐사

1960년대부터 화성에 관한 우주 탐사 프로젝트가 40건 넘게 있었어요! 우주에서 로버, 위성, 착륙선 등과 같은 장비를 활용하는 건 쉽지 않아요. 그래서 궁금해지기도 해요. 화성 탐사는 컴퓨터 게임이랑 비슷할 것 같아요!

우주 망원경

우주 망원경은 성능이 아주 좋은 망원경이에요. 지구 대기층의 **난류**에 방해를 받지 않고 우주의 사진을 찍을 수 있어요.

허블 우주 망원경

궤도선

궤도선은 행성이나 다른 천체를 공전하며 사진을 찍고 다양한 정보를 수집하는 우주 탐사선이에요.

엑소마스
가스 추적 궤도선

착륙선

착륙선은 행성을 면밀히 탐사하기 위해 지표에 내려앉는 우주 탐사선이에요. 로버와 같은 기계를 내려놓을 수 있어요.

피닉스

탐사차

로버라고도 하는 탐사차는 행성 표면 위를 움직이는 탐사선이에요. 특정한 임무를 완수할 수 있도록 여러 기기를 갖추고 있어요.

큐리오시티 탐사차

화성 탐사 요상한 정보 대회!

1위
화성에서의 첫해를 축하하기 위해, **큐리오시티**가 생일 축하 노래를 불렀어요. 미국 항공 우주국이 만든 악기의 진동을 활용했지요.

2위
지구에서 화성 표면과 비슷한 땅을 골라 실제 탐사차 크기의 기계로 실험을 했어요. 바퀴가 손상되지 않도록 암석이 없는 길을 찾는 실험이었지요.

3위
40개 임무 중 절반이 실패했어요! 탐사선이 궤도를 벗어났거든요. 이륙할 때 폭발하고 착륙하며 충돌하는 등 문제가 발생했어요.

화성에 다른 장비들도 보내면 어떨까 고민하고 있어요.

2020년, 화성의 해

선생님이 우리에게 새로운 소식을 알려 주셨어요.
우리만 화성에 가고 싶은 것이 아니었어요.
이미 2020년에 아랍 에미리트, 중국, 미국 파견대가
화성 탐험에 나섰대요.

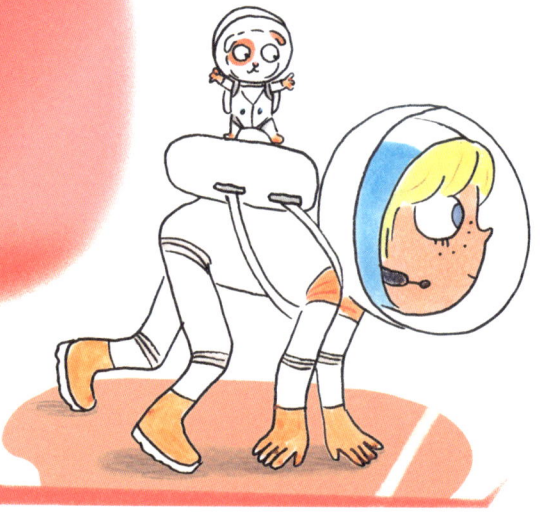

로봇보다 먼저 가고 싶어요!

우리가 제일 먼저 화성으로 떠나고 싶었는데, 로봇들이 우리보다 먼저 출발해야 한대요. 이건 공평하지 않아요! 어째서 로봇이 인간보다 먼저 화성에 가야 하는지 그 이유를 알아봐야겠어요.

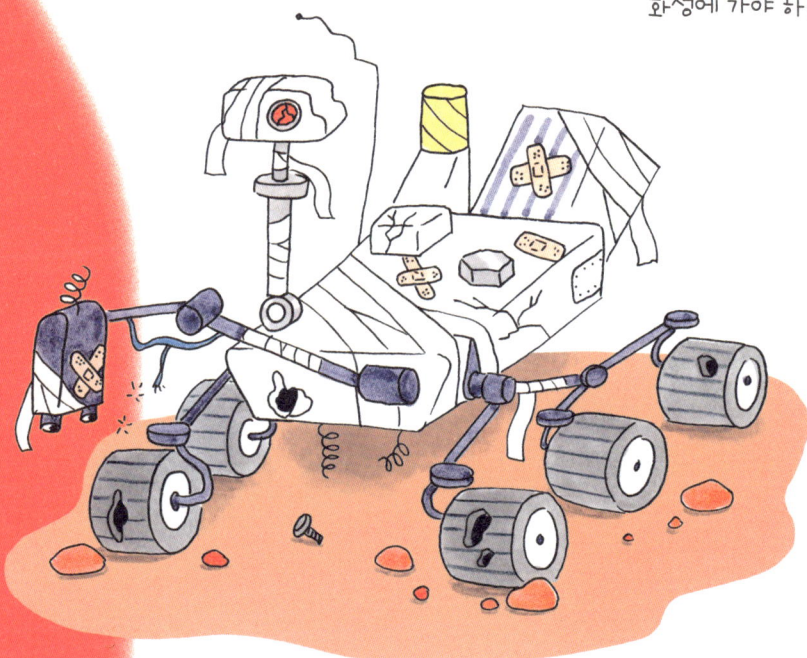

큐리오시티는 대체할 로봇을 기다리고 있어요.

큐리오시티는 2012년에 화성에 도착했어요. 원래 계획은 2년 동안 화성을 조사하는 것이었는데, 그 후로도 작동이 잘되어 지금까지 임무를 수행하고 있어요.
큐리오시티는 이미 위기를 여러 번 넘겼어요. 컴퓨터 오류, 팔의 관절 기능과 드릴 작동의 문제점들, 바퀴에 난 구멍 등을요. 정말 대단하지요!

출발하기 전, 화성 생명체의 수수께끼를 풀어야 해요.

만약 화성에 생명체가 존재한다면, 지구 미생물로 화성을 오염시키거나 우리가 화성 미생물에 감염될 수 있어요. 기계를 살균할 수는 있지만, 사람을 살균할 수는 없어요. 그래서 화성 탐사를 위해 로봇을 먼저 보내는 것이 안전해요.

로봇은 화성에서 채취한 시료를 지구로 가져올 거예요.

화성의 돌을 얻으려고 사람을 보낼 필요는 없어요. 미래의 로봇에게 완벽한 계획이 있거든요. 퍼서비어런스 로버가 시료를 채취하면, 샘플 회수 로버가 그것들을 모아서 로켓에 넣을 거예요. 로켓이 그 시료를 화성 주위의 궤도에 올려놓으면, 탐사선이 시료를 챙겨 지구로 가져올 계획이에요.

2020년, 화성의 해

화성에 간 로봇들

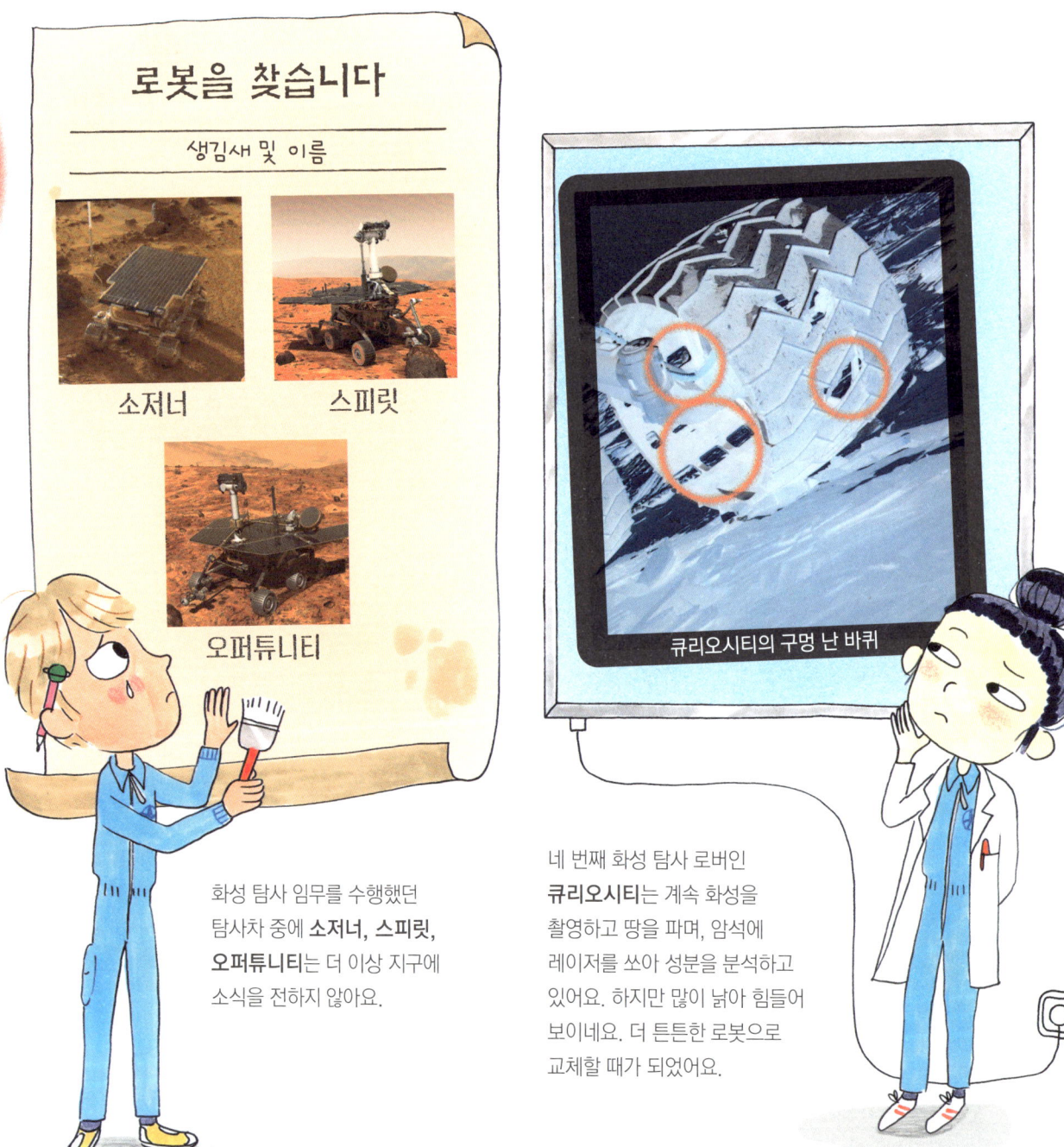

로봇을 찾습니다

생김새 및 이름

소저너 스피릿

오퍼튜니티

큐리오시티의 구멍 난 바퀴

화성 탐사 임무를 수행했던 탐사차 중에 **소저너, 스피릿, 오퍼튜니티**는 더 이상 지구에 소식을 전하지 않아요.

네 번째 화성 탐사 로버인 **큐리오시티**는 계속 화성을 촬영하고 땅을 파며, 암석에 레이저를 쏘아 성분을 분석하고 있어요. 하지만 많이 낡아 힘들어 보이네요. 더 튼튼한 로봇으로 교체할 때가 되었어요.

34

퍼서비어런스

엑소마스의 유럽 탐사선 **로잘린드 프랭클린**은 유연한 바퀴를 사용해 경사면을 매끈하게 달릴 수 있고, 모래와 지면 높이의 암석 위를 문제없이 이동할 수 있어요. 탐사선이 수렁에 떨어졌다고요? 애벌레 기는 모습을 흉내 내서 빠져나와요!

퍼서비어런스는 마스 2020의 임무로 파견된 미국 로버예요. 이 탐사 로버는 연구실이나 다름없어요. 카메라가 23대나 있고, 샘플을 분석하기 위한 최첨단 과학 기기를 갖추고 있어요. 퍼서비어런스의 가장 중요한 임무는 무엇일까요? 생명체를 찾는 거예요.

로잘린드 프랭클린

인제뉴어티

인제뉴어티를 날게 하는 것은 탐사선 제작 팀에게 엄청난 도전이에요! 화성은 중력이 지구보다 약해요. 그래서 지구에서는 무게가 10kg인 물체가 화성에서는 3.8kg으로 가벼워져요. 그 대신 화성은 대기 밀도가 낮기 때문에, 프로펠러를 더 빨리 돌려야 해요. 그렇다면, 이 작고 새로운 기계는 1.8kg 무게로 화성 땅 위를 날아오르는 데 성공할까요? 긴박감이 넘쳐요!

우리는 화성으로 출발하는 새로운 우주선의 열렬한 팬이에요. 매일매일 응원할게요. 임무를 꼭 완수하세요!

숙제를 대신 해 주는 로봇이 있지 않을까요? 로봇들은 정말로 뭐든지 다 할 수 있는 것처럼 보여요! 로봇들이 이미 연구를 훌륭하게 하고 있는데, 왜 사람이 화성까지 굳이 가야 할까요?

2020년, 화성의 해

인간은 왜 화성에 가려고 할까요?

당연히 우리가 화성에서 할 일이 있지요! 인간은 로봇에게 없는 두 가지 큰 장점을 갖고 있어요. 지적 능력과 민첩성이에요.

2 : 0

인간은 로봇과 달라요. 몸속에 카메라도 없고, 눈에서 레이저 광선이 나오지도 않아요. 발가락 끝에 굴착기가 달리지도 않았고요. 화성에서 우리가 할 수 있는 일이 없을 것 같은데, 화성으로 가려는 이유가 무엇일까요?

 **지적 능력:** 인간은 예상치 못한 문제에 부딪히면, 분석을 통해 최선의 대응 방안을 찾아요. 로봇은 인간의 지시를 기다려야 해요. 지구와 화성 사이의 통신 시간이 오래 걸리고 중간에 통신이 끊길 수도 있기 때문에, 스스로 생각하는 힘은 정말 훌륭한 장점이에요! 물론, 인공 지능 기술로 로봇을 더 보완할 수도 있어요.

 **민첩성:** 인간은 자유자재로 민첩하게 움직여요. 차량을 이용하거나 직접 걸어서, 로버보다 더 신속하게 이동할 수 있어요.

화성 여행은 그저 놀라운
기술 프로젝트가 아니에요.
알려지지 않은 미지의 장소를
탐험하고 싶지 않은 사람이
있을까요?
그래서 화성에 가는 것은
인류가 가진 모험의 꿈을
이루는 거예요!
정말 근사하지요?

2020년, 화성의 해

지구인의
생활 속 작은
우주 항공 산업

우주 연구는 단순히 우주로 날아가는 것만 의미하지 않아요. 지구에서 사용하는 1,600개 이상의 혁신적인 제품이 우주를 연구하면서 나왔어요! 우리가 수업 시간에 찾은 예시를 살펴볼까요?

태양 전지판

연구원들이 인공위성에 쓰려고 태양 전지판을 개선했어요. 그래서 사람들은 지붕을 훼손하지 않고 태양 전지판을 설치할 수 있어요.
인공위성도 우리 집도 태양에서 에너지를 얻어 작동한다니, 정말 멋져요!

편안한 베개

우주선이 이륙하거나 착륙할 때, 우주 비행사들은 몸에 딱 맞춘 좌석에 앉아요.
우주선의 여러 장비들도 제자리에 딱 들어맞게 하려고 **형상 기억 재료**로 만들어졌어요. 침대, 베개, 오토바이 헬멧 등에도 이 재료가 사용되고 있어요.

무선 기기

무중력 우주에서 코드를 길게 연장해 기기에 연결하는 건 쉬운 일이 아니에요. 전깃줄에 사람이 엉킬 위험도 있어요! 그래서 우주 비행사에게 무선 기기가 필요했어요. 이 무선 기기들은 이제 지구에서 매우 유용하게 쓰이고 있어요.

소방복

불에 타지 않아 뜨거운 열기에서 우리 몸을 지켜 주는 특수한 천을 불연성 직물이라고 해요. 이 직물은 우주 비행사와 로켓을 보호하기 위해 발명되었어요.
요즘에는 소방관이 입는 옷을 불연성 직물로 만들고 있어요. 불길 속에서 소방관을 안전하게 지켜 줘요.

안경

우주 비행사가 쓰는 헬멧의 챙을 보호하기 위해 특수한 처리를 했어요.
우리가 쓰는 안경에도 이런 기술을 적용하여 안경이 쉽게 긁히지 않아요.

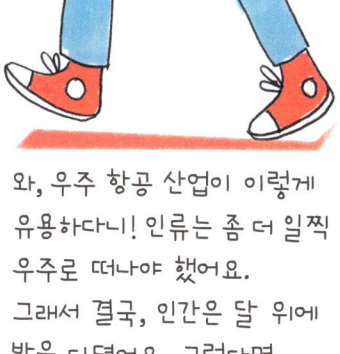

와, 우주 항공 산업이 이렇게 유용하다니! 인류는 좀 더 일찍 우주로 떠나야 했어요.
그래서 결국, 인간은 달 위에 발을 디뎠어요. 그렇다면 화성은 어떻게 되었을까요?

쉬는 시간

네 벌의 우주복을 멋지게 꾸며 보세요. 다양한 기능을 표현하면 더욱 실용적인 우주복이 될 거예요!

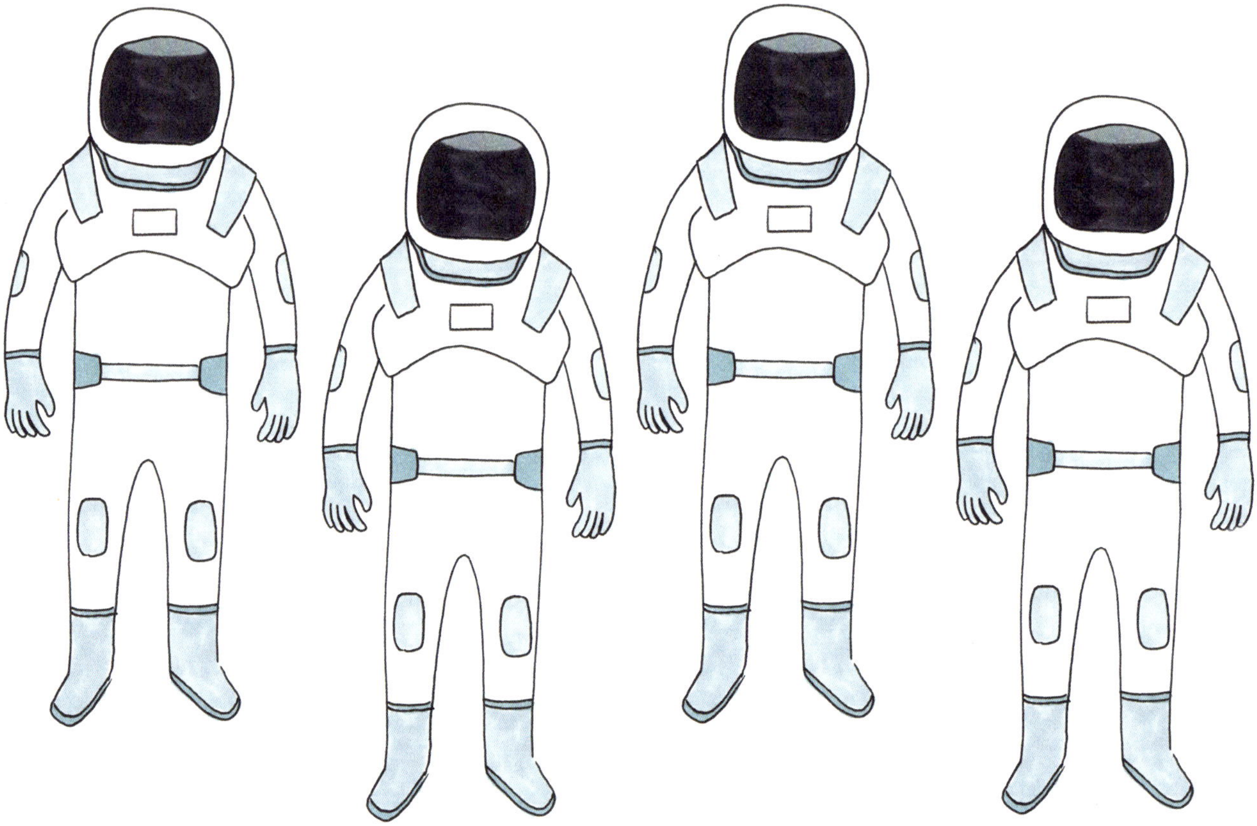

화성인들에게 우주 비행사가 어느 나라 소속인지는 알려 줘야겠지!

대한민국 　　중국　　 유럽 연합

러시아 　　미국

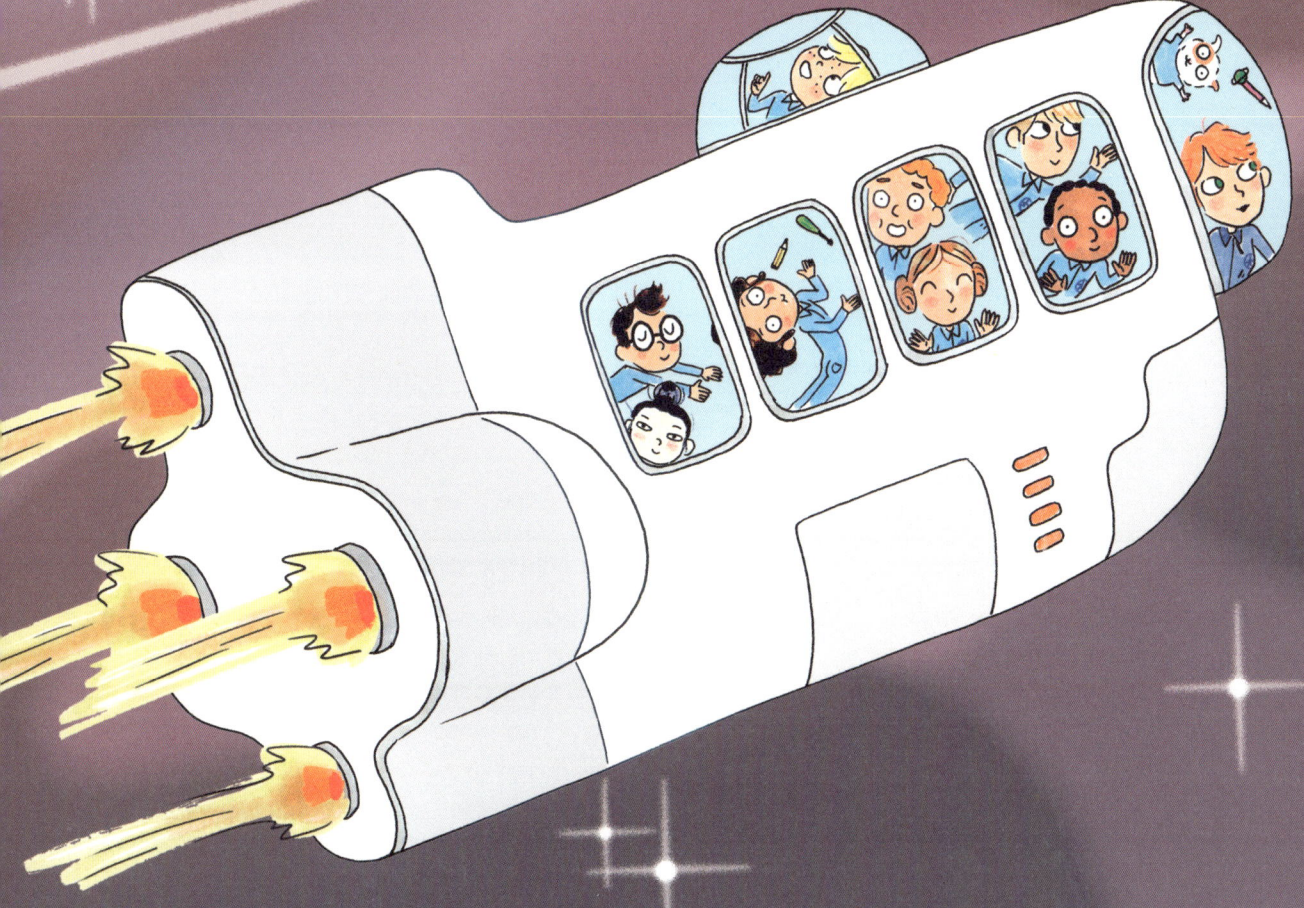
화성을 향해 이륙!

붉은 행성 여행, 달 여행과 비슷할까요?

달에 벌써 열두 명의 지구인이 발을 디뎠다는 걸 우리는 잘 알고 있어요.
그렇다면 화성에도 우리가 금방 갔다 올 수 있지 않을까요?

네가 겨울을 알아? 냉장고에서 고작 한 시간 버틴 걸로는 어림없어!

달이나 우주 정거장에 가는 것은 화성 여행과 아주 많이 달라요. 마치 냉장고에서 보내는 한 시간이랑 겨울 전체를 비교하는 것과 같지요!

아주 긴 무중력 여행

달 여행과 화성 여행의 가장 큰 차이점은 거리예요.
1969년 7월, 달까지 왕복 여행에 걸린 시간은 8일이었어요. 그런데 화성까지 갔다가 돌아오려면 거의 2년이 걸려요. 어쩌면 더 걸릴 수도 있대요.

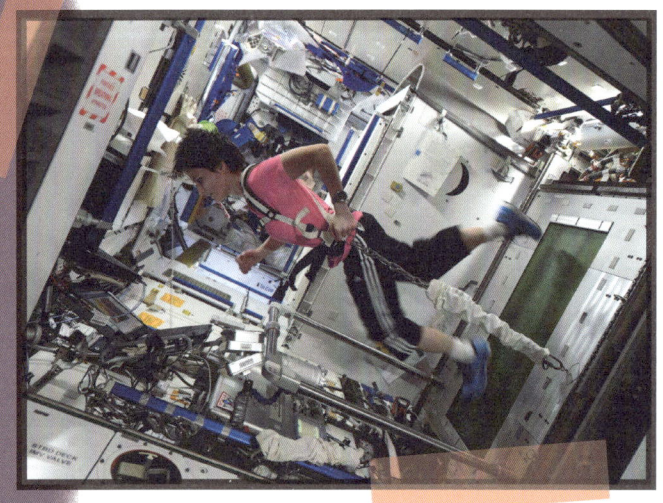

국제 우주 정거장에 머무르는 우주 비행사들은 우리 몸이 무중력 때문에 아플 수 있다는 걸 알려 주었어요. 무중력 상태에서는 혈액 순환이 원활하지 않고, 근육과 뼈가 약해져요.
우주에서 6개월을 지내는 동안, 정맥과 동맥은 지구 시간으로 30년 정도 노화된다고 해요.

다행히, 우주에서 운동을 열심히 하면 피해를 줄일 수 있어요. 지구로 돌아온 후에는 특별 관리를 해서 건강을 회복할 수 있고요.
그러나 우주여행 시간이 아주 길다면, 건강을 제대로 지킬 수 있을지 알 수 없어요.

과학자들은 겨울잠이 곰의 건강에 영향을 주지 않는 이유를 알아내기 위해 연구하고 있어요. 우주 비행사가 우주에서 건강을 유지하는 데 이 연구가 도움이 될 수 있을 거예요!

무중력 해결 방법

인공 중력을 만드는 방법이 있어요. 빠르게 빙빙 도는 탈수기에서 채소가 바깥으로 밀려 붙어 있게 되는 것처럼요.

살려 줘! 나를 샐러드로 만들 셈이야?

과학자들은 이미 반경이 짧은 **원심 분리기**를 만들었어요. 팔이 기다란 기계인데, 그 팔 위에 우주 비행사가 앉고 지구에서와 똑같은 중력이 될 때까지 아주 빠르게 회전시키면 돼요.

더 빨리 돌리자! 근데 이 원심 분리기를 어떻게 로켓에 싣지?

원심 분리기를 가볍고 작게 만들어야 해요. 그래야 우주 비행사들이 우주에서 건강을 위해 자주 활용할 수 있을 테니까요.

야호! 정말 신나!

우아! 나도 우주에서 이런 회전목마를 타고 싶어!

축을 중심으로 탐사선을 아주 빠르게 돌리는 방법도 있지만, 발과 머리 사이의 중력이 달라 불편할 거예요.

43

붉은 행성 여행, 달 여행과 비슷할까요?

화성까지 배달이 되나요?

우주 비행사들은 여행하는 동안 지구에서와 마찬가지로 산소, 물, 음식물 등이 필요해요.
달까지의 여행은 화성보다 아주 짧기 때문에, 필요한 모든 것을 로켓에 실을 수 있어요. 화성 여행도 그럴까요?

오늘은 급식실이 문을 닫았어요. 그래서 우리는 모두 도시락을 들고 운동장으로 소풍을 나갔어요. 하지만 우주선에서 이런 일이 일어난다면 어떻게 해야 할까요?

화성에서는 문제가 훨씬 더 복잡해요. 지구에서 너무 멀기 때문에 배달을 할 수 없거든요. 그리고 여행 기간이 길어서 생존에 꼭 필요한 짐만 챙겨도 너무 무거워요. 로켓이 이륙하는 걸 방해할 수도 있지요. 게다가 2년간 여행하며 쓰레기가 얼마나 많이 쌓일지는 말할 필요도 없겠죠!

국제 우주 정거장에 물자를 공급하기 위해, 화물선을 정기적으로 보내고 있어요. 지구와 우주 정거장 사이의 운행 거리는 대략 400km 정도랍니다.

'멜리사'라는 프로젝트에 참여하고 있는 과학자들은 자연에서 영감을 받아 우주선 안에 생태계를 만들기 위해 노력해요. 인간이 완전히 자율적으로 살 수 있는 환경을 만들려는 거예요.

이번 우주 비행사들은 왠지 생쥐처럼 생겼네!

해조류와 식물은 산소를 만들고 인간에게 음식물을 제공해요.

인간의 배설물은 식물을 키울 때 비료로 사용할 수 있어요.

사용한 물을 식물이 정화하면, 우주 비행사가 다시 쓸 수 있어요.

쓰레기를 만들지 않고 모든 것이 균형 있게 작동하도록 만드는 것은 정말 복잡한 일이에요! 지금까지는 식물과 쥐를 연구 대상으로 삼았어요.

우주 비행사들은 너무 불쌍해요. 2년 동안 매일 샐러드만 먹어야 하니까요. 이건 말도 안 돼요!

붉은 행성 여행, 달 여행과 비슷할까요?

달 로켓으로는
화성에 갈 수 없어요

우주로 쏘아 올리는 로켓을 **발사체**라고 불러요. 발사체의 힘은 아주 무거운 것을 들어 올릴 수 있는 엔진의 능력에 달렸어요.
과학자들은 화성 여행을 위해 강력한 발사체를 개발하고 있어요.
연료를 효율적으로 연소시키는 엔진을 장착했지요. 대표적인 프로젝트로, 미국 항공 우주국의 우주 발사 시스템과 **스페이스X**의 스타십이 있어요.

화성 여행에 꼭 필요한 게임기와 초콜릿, 교실에서 키우는 기니피그 등을 가져가려면 초대형 로켓을 만들어야 할걸요?

미국 항공 우주국 우주 발사 시스템

네 명의 우주 비행사와 50t의 보급품을 실어야 해요. 더구나 여행은 딱 한 번만 할 수 있어요.

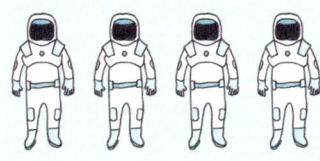

스타십 프로젝트

스페이스X의 스타십 프로젝트는 발사체와 우주선을 재활용해요. 화성까지 열 명을 데려갔다가 다시 지구로 돌아오는 게 목표예요.

연구원들은 화학 연료가 필요 없는 플라스마 엔진을 완성하기 위해 노력하고 있어요. 이 엔진은 특정 가스를 매우 강한 열로 데워서 작동시켜요. 가스가 로켓 안에서 변형된 후, 전자기장 덕분에 시속 180,000km의 놀라운 속도로 분출돼요!
두 달 안에 화성에 도달할 만큼 강한 추진력을 얻기 위해 소형 원자로를 활용할 수도 있어요.

과학자들이 순간 이동을 발명한다면 여행이 훨씬 더 빨라질 거예요!

우주 비행사와 로켓을 타요!

우주 비행사들끼리 사이가 안 좋거나, 서로 무엇을 해야 할지 몰라서 우왕좌왕하다 화성 여행을 망치는 건 말이 안 돼요. 그래서 우주 비행사는 아주 엄격한 기준을 거쳐서 뽑고, 떠나기 전에 특별훈련을 해요.

우주 비행사로 뽑히려면?

화성행 우주선에 탑승하기 위해 갖춰야 하는 조건이에요.

집에서 동생이랑 말싸움을 하면 문을 쾅 닫고 나가면 그만이지만, 우주에서는 절대로 그러면 안 돼요!

 당연히 몸이 건강해야 해요.

 뛰어난 지적 능력과 기술력을 갖추어야 해요.

 팀원들이 각자 다른 특성과 직업을 가져서, 서로 보완하며 완벽한 팀을 이뤄야 해요. 예를 들어 남성과 여성, 지질학자와 생물학자, 기계공과 의사와 같은 조합으로요.

 다른 사람들과 사이좋게 잘 지내야 해요. 화성 여행은 우주 비행사들이 갈등하고 다툴 수 있는 모든 조건을 갖추고 있거든요. 따라서 우주 비행사가 되려면, 우주선에 탑승한 사람들 간에 생길 수 있는 곤란한 일들에 당황하지 않는 성격이어야 해요. 예를 들어 내가 좋아하는 유형과는 거리가 먼 사람이라도 존중하면서 함께 생활할 수 있어야 하지요. 또한 스트레스를 관리할 줄 알아야 해요. 흥분하지 않고 침착하게 문제에 대처할 수 있어야 하고요. 안타깝게도 모든 사람이 이런 성격을 갖추지는 않았어요!

화성에 우주 비행사들만 가는 건 아니에요. 우주 비행사들이 탐사선 정비 작업을 수행하는 걸 돕기 위해 특별히 개발된 로봇도 같이 가요. 이미 국제 우주 정거장에서 '로보넛'을 시험 사용 중이에요.

싸움을 붙이는 완벽한 방법

1 좁은 장소 안에 아주 오랫동안 사람들을 가둬요.

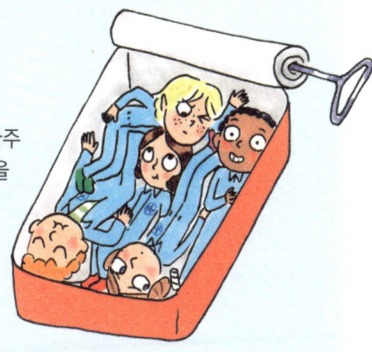

2 가족이나 친구들과 대화를 나누지 못하게 하고, 문자 메시지만 주고받게 해요.

우리 친구 로보넛과 함께

3 무중력 상태에서 맛없는 음식만 주고 생활하기 힘든 조건을 만들어요.

로보넛이 지구로 돌아오면, 우리도 로보넛을 만나고 싶어요. 로보넛이 수학 수업을 도와주고, 기니피그에게 먹이를 주거나 우리와 함께 농구도 할 수 있을 거예요. 정말 좋을 거 같아요!

4 지구를 포함한 모든 땅에서 멀리 떨어뜨려 놓아요.

화성의 공동생활 미리 체험하기

오랜 시간 동안 고립 생활을 실험한 사람들이 세계 곳곳에 있어요.
화성으로 떠나기 전, 그 사람들의 이야기를 들어 보며 우리도 연습해 봐요!

평균대에서 재주넘기하고 싶을 때는 미리 바닥에서 연습해요. 그래야 다칠 위험이 적어요. 화성에 가는 것도 마찬가지예요!

2010년에 러시아에서는 여섯 명의 사람들이 모형 우주선에 520일 동안 살면서 '화성 500일'이라는 실험을 했어요.

여섯 명의 실험자들은 연습 여행 중간쯤에 바닥이 화성과 비슷한 거실 크기의 방으로 나갔어요. 그들은 그곳을 마치 거대한 운동장처럼 느꼈답니다!

이곳에서 실험자들은 지루함과 가혹한 조건을 견뎌야 했어요. 그러나 이 실험 덕분에 우주 비행사에게 필요한 자질을 깊이 생각해 볼 수 있었어요.

하와이에서는 여섯 명의 과학자들이 화산 지대에서 화성 기지 같은 돔 모양 건물을 짓고 1년 동안 살았어요. 기지 바깥에서 임무를 수행할 때에는 반드시 우주복을 입었지요.

아랍 에미리트는 '화성 2117 프로젝트'의 일환으로, 사막에 거대한 도시를 건설할 계획이에요. 화성에 사람이 살 수 있는 도시를 만들기 전에, 지구에서 실험해 보는 거예요.

우리도 일주일 동안 쉬는 시간에 싸우지 않는 연습을 했어요. 우리의 기록은 7분 34초였어요……. 화성에 가기 전에 더 열심히 훈련해야겠네요!

화성에 언제 도착하나요?

화성에 가는 건, 휴가를 떠나는 것과는 달라요. 여행 기간을 며칠이 아니라, 몇 달로 계산해야 해요! 우주에서는 일정 세우기가 더 복잡해요. 행성들이 항상 움직이고 있거든요!

출발하는 시기에 따라 달라요

지구와 화성은 모두 태양을 중심으로 돌고 있지만, 태양으로부터 같은 거리에 있지도 않고, 같은 속도로 움직이지도 않아요. 그래서 두 행성의 간격이나 위치가 끊임없이 변하고 있어요!

태양과 나란히 줄지어 서서 화성과 지구가 가장 가까이 있을 때, 화성은 지구에서 보면 태양의 반대편에 있어요. 여행 기간을 줄이려면 이때를 선택해야 해요.

대략 15년마다, 화성과 지구는 가장 가까운 위치에 놓여요. 2018년 7월이 그런 시기였고, 그다음은 2033년일 거예요.

일단 출발하면, 우주선은 화성에 도착하기 전 6개월 동안 곡선 경로를 따라 움직여요.

우주선이 지구에서 이륙해요.

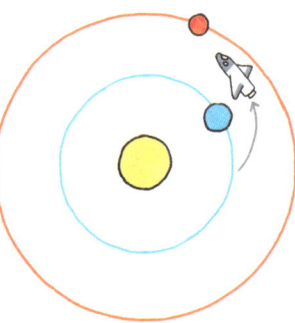

우주선이 우주 공간을 이동하는 동안에도 화성과 지구는 태양 주위를 계속 돌고 있어요.

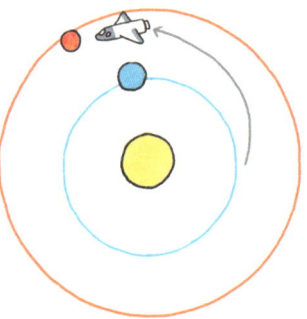

우주선이 화성에서 그리 멀지 않은 곳까지 가면, 지구가 화성을 따라잡을 수 있어요.

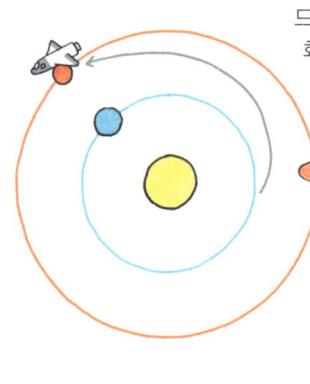

드디어 도착했어요! 화성에 착륙해요.

화성 VS 지구

화성은 시속 82,000km로 움직여요.

지구는 시속 108,000km로 조금 더 빨리 움직여요.

화성은 태양을 한 바퀴 도는 데에 687일이 걸려요.

지구는 더 짧아요. 365일 6시간이에요.

태양이 지구와 화성 사이에 나란히 놓일 때, 화성과 지구 사이의 거리는 최대 4억km나 된다고 해요.

780일마다 지구가 화성과 태양 사이에 일직선상으로 놓여요. 이때 지구와 화성의 거리는 5,500만km예요.

수학을 배워야 하는 이유를 알겠지요? 별들 속에서 길을 잃고 싶지 않다면, 절대로 계산을 틀리면 안 돼요!

780일은 몇 년일까요? 계산해 봐요.

우리는 지구의 365일이라는 한 해를 알아요.

365 + 365 = 730일

두 해 동안은 730일이라는 것을 알 수 있어요.

30 + 30 = 60일

730 + 60 = 790일 (780일과 가까워요.)

정답 : 약 2년 2개월

4 화성에 언제 도착하나요?

화성 여행에서 생길 수 있는 여러 위험들을 알아보니 차라리 그냥 바닷가로 여행 가는 게 더 낫겠어요. 그래도 과학이 있어서 정말 다행이에요. 화성 여행을 더 철저히 준비해야겠어요.

성공을 위한 수많은 연구

우리는 아직 화성을 여행할 준비가 충분히 되지 않았어요.
기술적으로 해결해야 할 것들이 여전히 남아 있고,
화성에 대해서도 더 많은 지식과 정보가 필요하니까요.

우주여행 기간이 길수록 더 복잡하고 위험해요. 과학자와 기술자들은 더 강력한 로켓을 만들기 위해 연구해요. 이밖에도 인공 중력을 일으키는 작은 장치를 개발하기 위해, 우주 비행사가 무엇을 먹고 마시고 어떻게 호흡할지를 정하기 위해, 태양 입자와 우주 광선으로부터 우주 비행사들을 보호하는 방법을 알아내기 위해 매일매일 노력하고 있어요.

물론, 지구뿐만 아니라 국제 우주 정거장에서도 많은 실험을 하고 있어요. 예를 들어, 우주 비행사는 무중력 상태에서 채소를 키우기도 해요. 그 채소를 수확해 먹는 날, 다 함께 축하 파티를 열어요!

국제 우주 정거장은 우리 지구인들 머리 위로 400km 떨어진 곳에서 지구 주위 궤도를 돌고 있어요. 우주 비행사들은 이 정거장 안에 머물며 하루에 16번이나 지구를 돕니다!

연구가 성공할 거라고 장담할 수 없지만, 아무도 실망하거나 포기하지 않아요. 이런 프로젝트를 수행하고 있는 사람들은 불가능한 것을 성공시키길 원해요. 인간을 화성으로 보내는 것도 그중 하나이지요.

우리를 화성에 보내기 위해 열심히 일하고 있는 수많은 연구원들을 생각하면, 너무 감격스러워요! 그래서 우리 반 친구들이 작은 선물을 준비했어요! 연구원들을 응원하려고 찍은 사진이에요.

창밖에 화성이 보여요!

망원경으로 화성을 관찰하는 건 정말 근사해요.
화성을 가까이서 직접 본다면, 더욱더 놀랍겠죠?

화성에도 달이 있을까요?

우리는 화성 주변을 돌고 있는 크고 기괴한 돌덩어리를 보았어요. 그것은 달처럼 보였어요. 달은 하나인 줄 알았는데, 화성에는 달이 둘이나 있어요!

1877년 미국 천문학자인 아사프 홀이 망원경으로 화성을 관찰했을 때, 화성 주변의 궤도에서 두 개의 작은 위성을 발견했어요.
아사프 홀은 화성에서 6,000km 떨어져 돌고 있는 가까운 위성에게 **포보스**(불안)라는 이름을, 20,000km 떨어진 위성에겐 **데이모스**(공포)라는 이름을 붙여 주었어요.

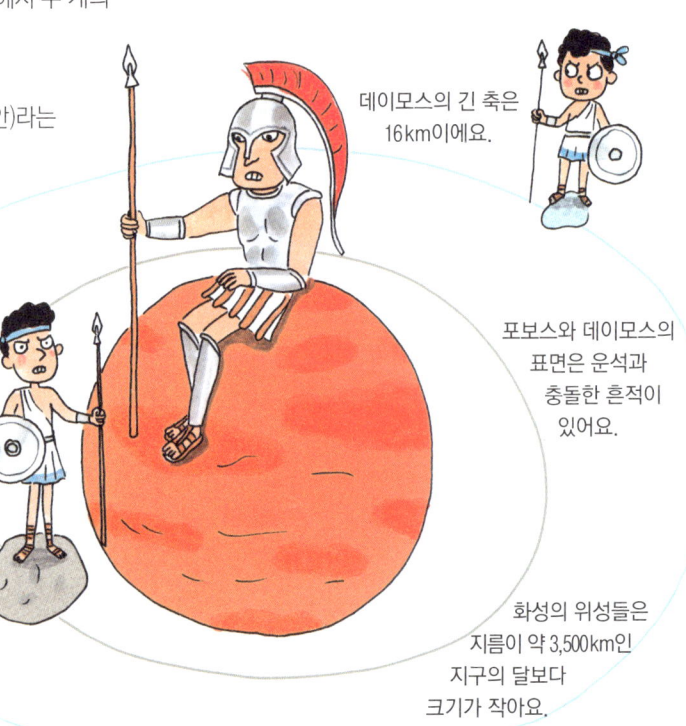

데이모스의 긴 축은 16km이에요.

포보스는 길이가 긴 축이 대략 27km예요.

포보스와 데이모스의 표면은 운석과 충돌한 흔적이 있어요.

화성의 위성들은 지름이 약 3,500km인 지구의 달보다 크기가 작아요.

포보스와 데이모스는 전쟁의 신인 마르스의 아들 이름이에요. 로마 사람들이 화성을 '마르스'라고 불렀다는 걸 생각하면 위성 이름을 잘 지은 것 같아요!

포보스 표면에 있는 거대한 크레이터들을 보면
운석이 준 충격의 힘을 상상할 수 있어요.
포보스에 작은 외계인 공룡이 살고 있었다면
분명히 멸종했을 거예요!

창밖에 화성이 보여요!

극지방의 흰 반점은 무엇일까요?

화성의 두 극지방은 **빙모** 또는 **빙관**이라고 하는 돔 모양의 얼음으로 덮여 있어요. 이 빙모는 얇은 **드라이아이스** 층으로 뒤덮여 있고, 1~3km 두께로 오래도록 사라지지 않아요.

드라이아이스는 화성 대기의 대부분을 차지하는 기체인 이산화 탄소가 고체로 변한 거예요. 여전히 영하이긴 하지만 비교적 덜 추울 때 드라이아이스는 다시 기체가 돼요. 이것을 화학 용어로 '승화' 라고 해요.

화성의 사진을 관찰해 보니, 극지방에서 흰색 부분을 금방 발견할 수 있었어요. 이건 분명히 얼음일 거예요! 우린 스케이트를 아주 잘 타니까 아이스하키 장비도 챙겨 왔어요.

북극 빙모의 드라이아이스는 이런 승화 작용 때문에 봄에는 면적이 줄어들어요. 이런 변화는 강력한 바람을 만들어서 먼지 폭풍을 일으켜요. 또한 화성 하늘에 구름이 나타나는 원인이기도 해요.

세 가지 수수께끼

1 사진처럼 생긴 드라이아이스를 뭐라고 할까요?

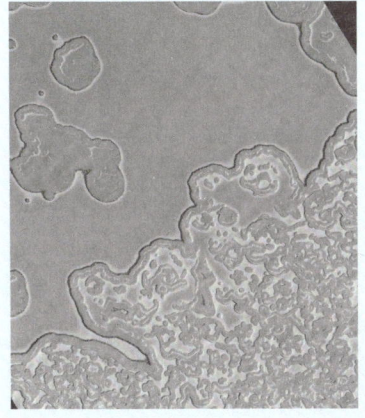

2 얼음이 이렇게 생겼을 때는 뭐라고 부를까요?

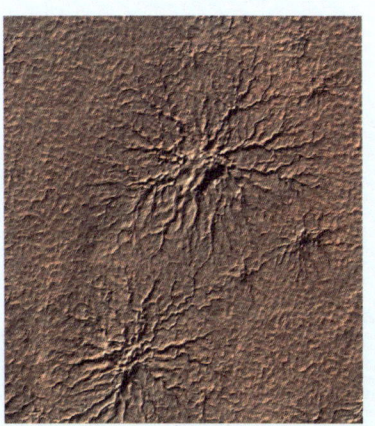

3 지구에서 드라이아이스는 어디에 있을까요?

1 스위스 치즈 2 거미 3 남극 북극기

화성의 날씨가 다시 추워지면 이산화 탄소는 눈이 돼요.

화성의 남극은 태양에 가까워질 때 빙모가 그늘에 있기 때문에 여름이 더 짧아요. 이때 드라이아이스는 거의 승화하지 않지요. 그래서 몇 미터 두께로 서서히 쌓일 수 있어요.

쿵쿵! 벌름벌름!

우리는 승화 작용을 좋아해요! 초콜릿 아이스크림도 승화가 되나요? 그렇다면 아이스크림 콘은 필요 없을 거예요. 그냥 초콜릿 기체를 들이마시면 될 테니까요!

쉬는 시간

여러분은 훌륭한 우주 비행사가 될 수 있을까요? 퀴즈를 통해 알아보세요!

 1 낯선 사람이 나를 5초 이상 쳐다볼 때 할 말은?

    a. "안녕하세요!"
    b. "점심으로 먹은 시금치가 턱에 붙어 있어서 쳐다보는 거예요?"
    c. "훗, 다른 사람들도 내가 눈부시게 예쁘다고 하더군요."

 2 친구 네 명과 함께 식탁에 앉아 있는데, 케이크가 딱 한 조각만 남았을 때 할 일은?

    a. 다른 친구보다 먼저 케이크를 먹기 위해 서두른다.
    b. 네 조각으로 나누고 나서, 뒤늦게 다섯 조각으로 나눠야 했다는 걸 깨닫는다. 그래서 그냥 부스러기만 주워 먹는다.
    c. 우선 친구들에게 케이크를 먹고 싶은지 물어보고, 먹고 싶은 사람 숫자만큼 케이크를 나눈다.

 3 화성에 도착해서 제일 먼저 할 일은?

    a. 기쁜 마음을 표현하기 위해 앞뒤로 공중제비를 돈다.
       (화성은 중력이 약해서 식은 죽 먹기다!)
    b. 화성 도착을 기념하기 위해 셀카를 찍는다.
    c. 착륙선과 다른 기기들이 잘 작동하는지 점검한다.

 4 볼펜이 부서져서 책상 위에 커다란 잉크 자국이 생겼을 때 할 일은?

    a. 손가락을 잉크에 찍어 책상 전체에 그림을 그린다.
    b. 잉크 자국을 감추기 위해 친구의 스카프로 책상을 덮는다.
    c. 얼룩을 깨끗이 닦은 다음, 볼펜을 고쳐 쓸 수 있는지 확인한다.

결과

7-8점: 여러분은 완벽한 우주 비행사가 될 거예요!
3-6점: 우주 비행사가가 되려면 연습이 좀 더 필요해요.
0-2점: 우주선을 타긴 어렵다. 다른 행성에서 미아로 만드세요.

점수 계산

	a	b	c
1	2	1	0
2	0	1	2
3	0	1	2
4	2	1	0

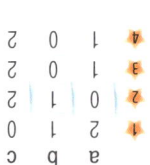

착륙 후
그다음 할 일은?

화성에 발을 딛고 싶다면, 선택의 여지가 없어요.
우선 착륙해야 해요. 하지만 아직 안심하지는 말아요.
여행이 완전히 끝난 게 아니거든요!

1 탐사선은 화성의 대기와 마찰하며 속도를 시속 22,000 km에서 2,000 km로 줄여요. 그런데 이때 높은 **마찰열**이 발생해 탐사선이 녹아 없어질 수 있어요. 탐사선을 지키려면 잘 타지 않는 물질로 벽면을 만들거나, 열 보호막을 갖추어야 해요.

우주선은 어떻게 착륙할까요?

우리는 이미 화성에 탐사선을 착륙시키는 데 성공했어요.
때론 실패도 겪었지만 포기하지 않았거든요!
화성에 착륙하려면 **1**, **2**, **3** 단계를 몇 분 안에 완벽하게 연결해서 실행해야 해요. 열에 강한 재료로 탐사선을 잘 감싸고, 축구장 크기의 낙하산과 강력한 **역추진 로켓**을 갖추어야 한답니다.

우리는 화성에 무사히 착륙하기 위해 교실에서 몇 가지 연구를 했어요. 화성 착륙에는 엄청나게 큰 충돌 위험이 있거든요! 기회가 왔을 때, 우리가 착륙을 완벽히 잘해 낼 수 있을지 아직 잘 모르겠어요.

이 검은 반점은 **스키아파렐리** 착륙선이 화성에 추락한 지점이에요. 제동 장치 시스템의 역추진 로켓이 고장 나 착륙에 실패했어요.

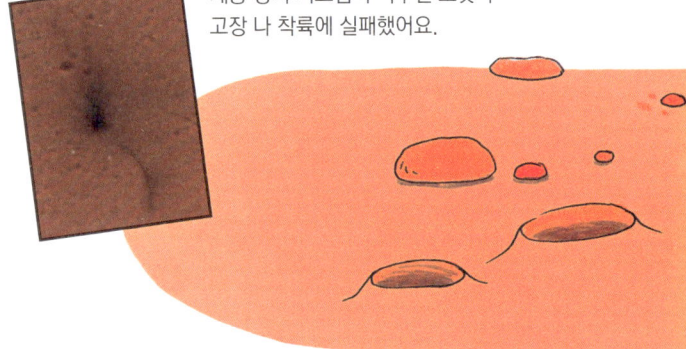

누가 우주 항공 과학자일까요?

와, 별똥별이다! 정말 낭만적이야!

대기에 로켓이 진입할 때 별똥별처럼 불타면 안 될 텐데….

빨리 가야 지각하지 않을 텐데….

로켓의 엔진과 브레이크를 더 강력하게 만들 순 없을까?

난 동그란 연이 좋더라.

연을 매는 실처럼 우주선을 멈출 수 있는, 떠다니는 닻을 만들 수 있으면 좋을 텐데.

현재는 아주 무거운 기계를 화성에 착륙시킬 방법이 없어요. 하지만 연구원들이 기술적인 해결책을 찾기 위해 열심히 일하고 있어요. 착륙하기에 가장 좋은 장소, 즉 과학적으로나 지리적으로 적합한 장소를 찾아내는 것도 중요해요. 굴러떨어지지 않으려면, 화산 꼭대기보다는 협곡 바닥에 착륙하는 것이 좋아요.

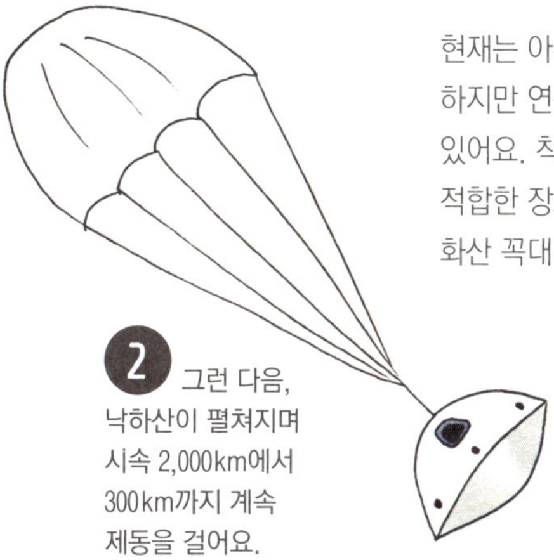

2 그런 다음, 낙하산이 펼쳐지며 시속 2,000km에서 300km까지 계속 제동을 걸어요.

3 탐사선이 지면에 가까워지면, 역추진 로켓을 작동해 부드럽게 착륙할 수 있어요.

새들은 날개가 있는데, 왜 사람에겐 날개가 없을까요? 정말 불공평해요. 날개가 있다면 날갯짓 두세 번으로 손쉽게 착륙할 수 있을 텐데요!

착륙 후 그다음 할 일은?

얼마 동안 머무를까요?

우리는 화성 여행을 간다는 생각에 엄청 들떠 있어요. 일단 화성에 얼마나 머무를지 알아야 해요. 그래야 부모님께 생일 선물을 몇 개 준비할지 말해 줄 수 있을 테니까요!

지구에서 우주선을 타고 6개월 동안 날아 화성에 도착했어요.
이제 두 가지 시나리오에 따라 다음 여행 일정을 계획할 수 있어요.

'태양-지구-화성' 귀환 시나리오	'지구-태양-화성' 귀환 시나리오

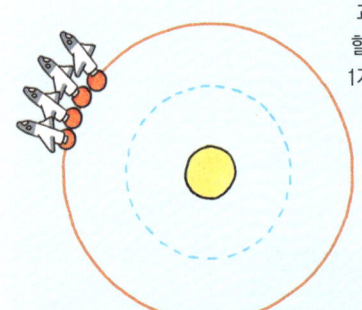

과학 실험을 짧게 할 수 있을 정도로 1개월 동안 화성에 머물러요.

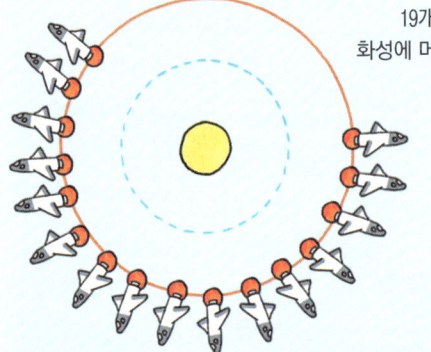

19개월 동안 화성에 머무를 수 있어요.

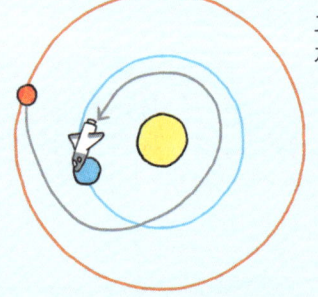

그다음 15개월은 지구로 돌아오는 여행이에요.

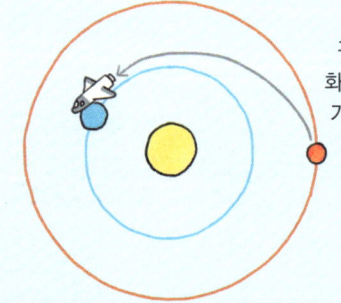

6개월 동안 급행 귀환 여행을 해요. 화성과 지구 사이가 가까워지는 위치를 활용하는 거예요.

화성 이동 기간: 6개월
화성 체류 기간: 1개월
지구 이동 기간: 15개월

= 총 22개월

화성 이동 기간: 6개월
화성 체류 기간: 19개월
지구 이동 기간: 6개월

= 총 31개월

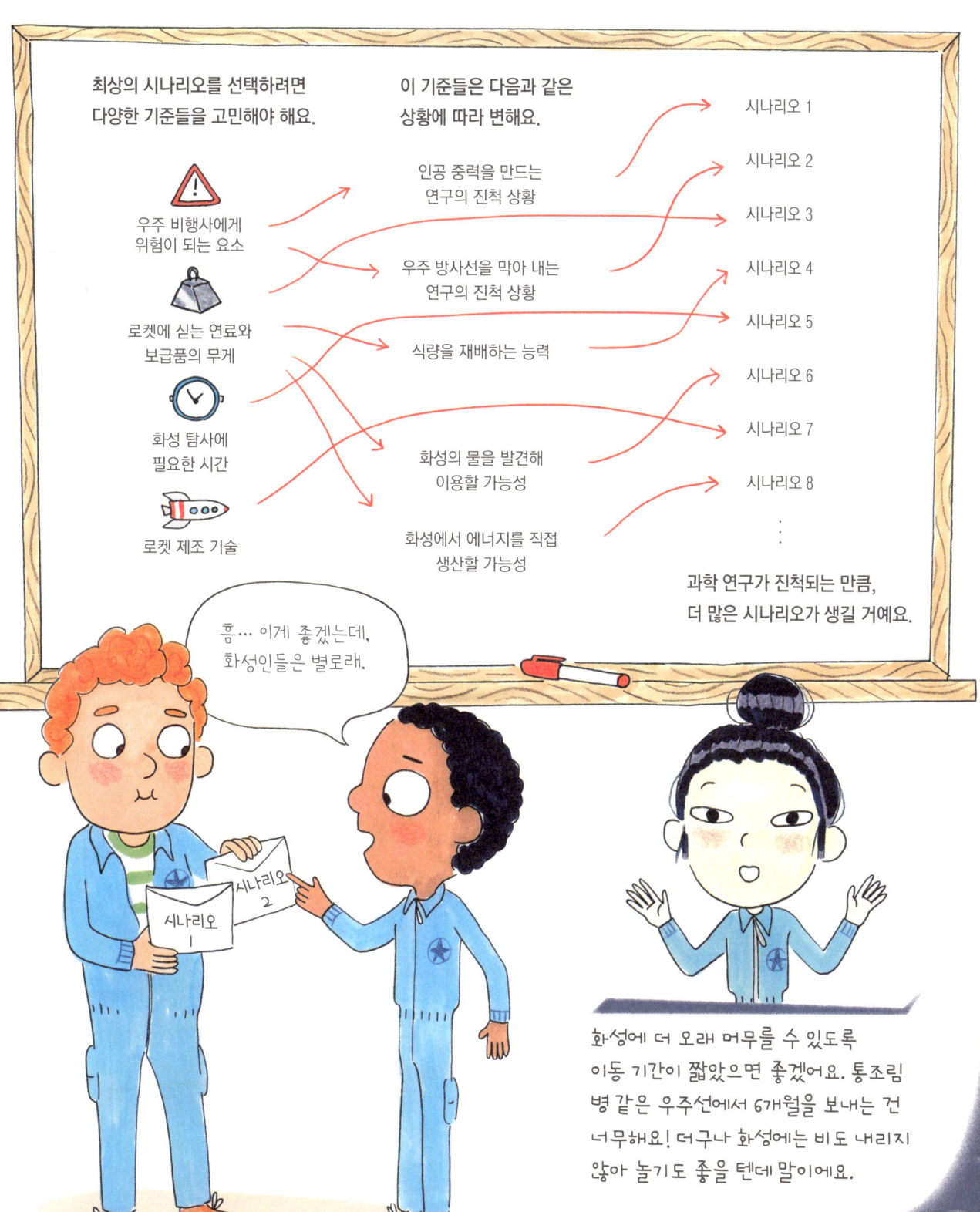

일기 예보를 확인해요

날씨는 어른들에게 매우 중요해요. 어른들이 대화할 때 늘 날씨 얘기를 하는 걸 보면요. 하지만 화성 여행을 준비하는 우리들에게도 날씨가 중요하답니다. 운석이 쏟아지는 멋진 광경을 놓치거나, 강렬한 햇빛 때문에 게임기가 망가져서는 안 되거든요!

화성의 평상시 날씨는?

화성은 엄청 엄청 추워요. 지구에서처럼, 화성은 밤과 겨울에 온도가 가장 낮아요.
화성의 하루를 '솔'이라고 부르는데, 1솔은 지구의 하루와 비슷한 24시간 36분이에요. 화성은 1년이 687일로 길어서 겨울도 아주 길답니다.
화성의 하늘은 구름으로 뒤덮이지는 않지만, 여름에 때때로 지형을 따라 얼음 구름이 만들어지기도 해요. 겨울에는 극지방 하늘에 안개가 껴요.

우리는 넷으로 모둠을 나누어서 화성 날씨를 조사했어요. 그러자 모두 같은 결론에 도달했어요. 우주복을 입기 전에 밖으로 나가면, 얼음 동상이 된다는 거예요!

반드시 일기 예보를 확인해야 하는 또 하나의 이유는 먼지 폭풍 때문이에요! 밀가루 같은 미세한 먼지를, 시속 100km로 빠르게 부는 바람이 운반해요. 먼지 폭풍은 화성 전체에 퍼질 수 있어요.

먼지 폭풍 전
화성

먼지 폭풍 후
화성

때때로 이 먼지 폭풍은 '먼지 악마'를 만들기도 해요. 크기는 작지만 높이가 수 킬로미터에 이르는 토네이도이지요. 화성에는 비가 내리지 않고 중력이 지구의 3분의 1 정도이기 때문에, 먼지가 지표로 떨어지는 데 시간이 오래 걸려요.

이런 악마는 없을까?

초콜릿 가루 악마
아침 식사용으로 딱이에요!

모래 페인트 악마
빨간색이 좋겠어요.
여러 가지 색이면 더 좋고요!

후춧가루 악마
재채기 대회에서
우승할 거예요!

에에취! 에취! 에취!

요정 가루 악마
실제로 있다면, 팅커 벨의
친구 피터 팬이 알려 줬을
거예요.

먼지가 두렵지는 않아요! 우리는 입, 눈, 코, 귀, 헤드폰, 창문, 출입구를 꽁꽁 막는 훈련을 할 거예요. 빗자루를 꺼낼 준비도 했어요.
먼지에게 당하고만 있을 수는 없잖아요!

무시무시한 솜사탕

솜사탕 구름은 당연히 설탕으로 만들어지지 않았어요! 과학자들이 그 정체가 무엇인지 알아낸 건 2019년이 되어서였어요. 솜사탕처럼 생긴 구름은 운석의 작은 조각들로 이루어져 있는데, 운석 대부분이 얼음물을 가지고 있었어요.
매일 2~3t이나 되는 우주 파편들이 화성과 충돌해서 연기처럼 대기에 뿌려진답니다.

우리는 과학 잡지에서 화성의 솜사탕 구름에 대해 쓴 기사를 보았어요. 화성에서 솜사탕 구름을 뜯어 먹으며 무지개를 구경하면 어떨까요?

반 친구들과 다 함께 무지개를 볼 계획이었는데, 정말 대실망이에요. 화성에는 무지개가 없거든요. 무지개가 생기려면 대기 중에 물방울이 떠 있어야 하기 때문이에요.

안타깝지만, 화성에는 솜사탕도 없고 무지개도 없어요. 대신 일몰을 구경해요! 해가 지길 기다리는 동안 운석이 떨어지는 걸 볼 수 있지 않을까요?
머리 위에 운석을 올려놓고 싶지는 않지만요.

화성에서 멋진 집 짓기

수업 시간에 우리는 화성에 짓고 싶은 상상 속의 집을 그려 보았어요. 그런데 우리만 이런 상상을 했던 게 아니었어요!

지하에 지은 집

화성에는 오래전에 용암이 흘러 만들어진 천연 동굴이 있어요. 이 용암 동굴은 지구에 있는 것보다 더 커요. 지상에서 55 cm 깊이로 내려가면 **방사선**이 지구와 비슷한 수준으로 줄어요. 이 빈 공간 중 하나에 집을 짓는다면, 지구에서 장비를 가져갈 필요 없이 태양과 우주에서 오는 방사선에서 우리 몸을 보호할 수 있을 거예요.

지하 동굴 집은 잠깐 살기에는 좋아요. 그런데 창문으로 태양을 보고 싶을 땐 어떻게 해야 할까요?

과학자들은 달의 용암 동굴을 탐색하려고 로봇과 드론을 보냈어요. 인간이 달의 땅속에서 살 수 있을지 알아보려고 다양한 연구를 하는 거예요.
우리들은 화성에서 무너진 용암 동굴을 샅샅이 조사해 용암 동굴 지도를 만들어 보려고 해요.

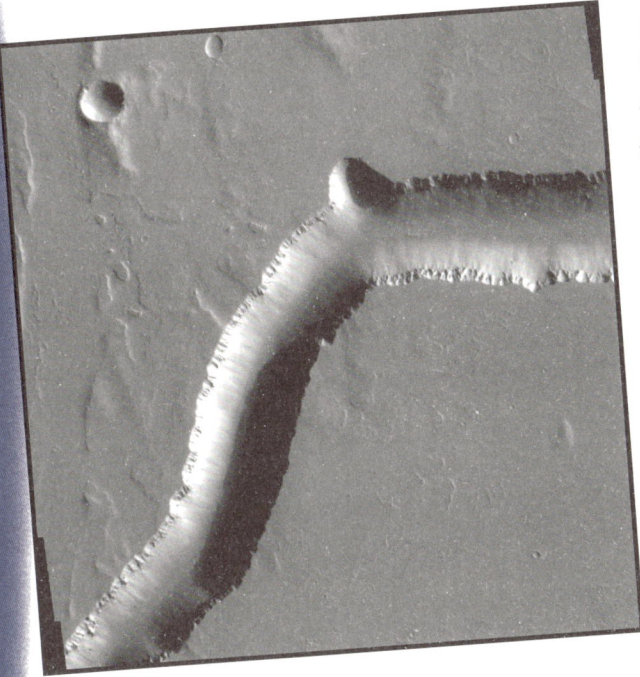

귀여운 토끼와 같이 살 수 있다고 해도 지하 동굴은 우리가 살기에 쾌적한 장소는 아니에요. 어두침침한 땅속에 머무르는 것 말고 다른 방법은 없을까요?

화성에서 멋진 집 짓기

집을 발명하기

미국 항공 우주국은 12개월 동안 네 명의 우주 비행사들이 머물 수 있는 집을 설계하는 대회를 열었어요. 벽을 여러 층으로 만들고 현장에 있는 재료를 활용하여 입체로 제작해야 했어요. 2019년에 1, 2, 3등으로 뽑힌 팀의 멋진 작품들을 감상해 봐요!

우리는 예전에 과학 박람회에서 3D 프린터를 본 적 있어요. 하지만 그 프린터는 집을 짓기에는 너무도, 너무도 작았어요!

서치플러스/아피스 코어 팀
화성의 모래로 지었어요.
특별한 모양으로 설계해서 아주 견고해요.
빛은 옆쪽과 위쪽의 틈새를 통해 들어와요.

조페루스 팀
3D 프린터가 다양한 크기의 움집을 지었어요. 이 프린터는 집 짓는 데 필요한 재료를 모으기 위해 이동할 수 있어요. 집들은 추위와 방사선에 견딜 수 있도록 설계되었어요.

마스 인큐베이터 팀
아주 넓은 방이 작은 방 3개와 연결되어 있어요. 작은 방 중 하나는 식물을 재배하는 공간이에요.

대회가 끝난 다음엔 무엇을 해야 할까요?
이 집들을 실제로 지어서, 제 기능을 발휘하는지 검증해요!

버섯으로 만든 집

미국 항공 우주국은 건축가들과 함께 놀라운 프로젝트를 진행하고 있어요. 바로 버섯 집을 개발하는 거예요!

곰팡이와 버섯은 **균사체**로 이루어져 있어요. 균사체는 우리 눈에 보이지 않는 작은 실처럼 생겼어요. 균사체를 벽이나 벽돌 모양의 자루 안에 넣어 기르면, 버섯이 자라면서 자루를 꽉 채워 건축 자재로 변해요.

벽 안에 물과 박테리아를 넣어서 균사체의 먹이와 산소도 만들 거예요. 이 집은 생분해성이라 식량을 키우기 위한 비료로 재활용할 수도 있어요.

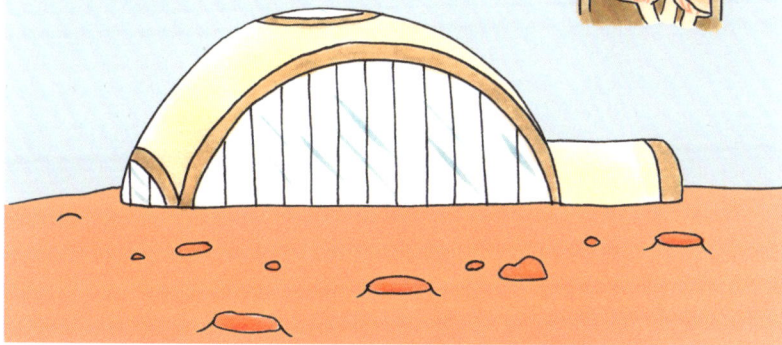

우리 집 벽 안에는 저런 큰 버섯이 없다니 정말 아쉬워요. 있다면 샐러드로 먹을 텐데요! 버섯 집에 살면, 스머프가 된 것 같은 기분일 거예요.

화성에서 멋진 집 짓기

궤도를 도는 집

미국 항공 우주국과 함께 일하는 회사가 집 문제에 대한 해결책을 제안했어요. 우주 비행사는 행성에 정착하는 대신에 화성 궤도를 도는 우주 정거장에서 살 수 있어요. 우주 비행사들은 화성에 2~3주 동안 머무르기 위해 수송 캡슐을 타고 우주 정거장에서 화성으로 왕복 여행을 해요. 지구와 화성의 물로 만든 수소가 이 수송 캡슐의 연료로 쓰인다고 해요.

우리 학교에는 버스를 타고 통학하는 아이들이 많아요. 만약 화성에서도 이렇게 할 수 있다면요?

화성 셔틀 우주선에 익숙해지기 위해서,
수영장을 오가는 셔틀버스로 미리 연습해 볼까요?

일상생활은 어떨까요?

화성에 가는 건 정말 좋아요. 하지만 도착해서 우리가 잘 적응할 수 있을지 걱정돼요. 화성에서의 생활은 어떨까요?

화성에는 먼지와 모래밖에 없어서 모래 과자를 잔뜩 만들 수 있어요. 하지만 진짜로 먹을 수는 없어요. 그럼 우리는 무엇을 먹어야 할까요?

무엇을 먹을까요?

건조식품을 꼭 가져가요. 음식물에서 수분을 제거해 가볍고, 오래 보관할 수 있어요. 화성에서 영양이 풍부한 식품을 재배하는 것도 도움이 될 수 있어요. 하지만 화성의 토양에 독성이 있어서 쉽지는 않아요.

대신 화장실에서 나온 물을 재활용해 식물을 키워요. 재활용된 물은 미네랄과 영양분이 풍부하거든요. 이런 방식을 **수경 재배**라고 하는데, 화성에서 활용할 수 있도록 연구하고 있어요.

화성에서 재배할 식물

지구에서 흔히 먹는 밀, 콩, 고구마는 화성에서 훌륭한 식량이 되어 줄 거예요.

밀

콩

고구마

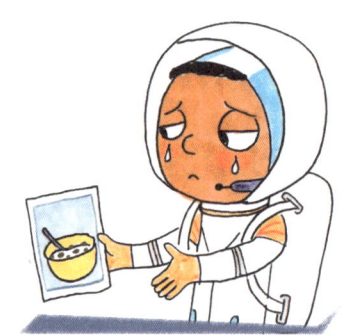

화성에 머무는 건 생각보다 더 큰 결심이 필요해요. 아침으로 초콜릿 시리얼도 먹지 못할 테니까요.

무엇을 마실까요?

우주 탐사선에 소 두세 마리를 태워 화성에 데려갈 수 있을까요?
그럼 우리가 아침에 마실 우유를 얻을 수 있을 거예요!

화성에 있는 물을 이용하려면, 지하에서 얼음을 꺼내 와서 그것을 녹여 우리가 마실 수 있도록 정화해야 해요. 이 과정에는 에너지와 적절한 재료가 필요해요.

하지만 이 모든 일은 착륙 장소를 잘 선택했을 때만 가능할 거예요. 왜냐하면 화성 어디에나 얼음이 있는 건 아니기 때문이에요! 물론 극지방에는 얼음이 풍부하겠지만요.

염소를 데려가 염소 우유를 짜 마시면 어떨까요?
염소는 소보다 공간을 덜 차지하고,
털을 깎아 스웨터를 짤 수도 있으니까요!

일상생활은 어떨까요?

어떻게 숨 쉴까요?

지구에는 산소가 충분해요. 식물과 물속의 조류가 태양 에너지를 이용해 산소를 만들어 내니까요. 그런데 화성 대기에는 0.13%의 산소밖에 없는데, 이 산소로는 지구인이 숨을 쉴 수 없지요. 그래서 우리가 식물을 심어서 산소를 만들어야 해요. 멜리사 프로젝트의 연구원들은 한 사람이 소비하는 산소를 생산하는 데에 15m²의 농장이 필요하다고 추정했어요.

우리는 숨을 쉬지 않고는 살 수 없어요. 그런데 우주선의 공간이 충분하지 않아서 여행하는 2년 동안 필요한 공기를 운반할 수 없어요. 그렇다면 어떻게 해야 할까요?

가장 견디기 힘든 건 화성에 머무는 동안 탐사선을 환기할 수 없다는 거예요. 집의 창문을 모두 꽁꽁 닫아 놓고 2년을 지낸다고 생각해 보세요. 양말에서 고린내가 진동할 거예요!

과학자들은 인간이 산소를 만들 방법을 연구하고 있어요. '마스 2020 탐사선'은 이산화 탄소를 산소로 바꾸는 장치를 싣고 화성으로 갔어요.

어떤 에너지를 이용할까요?

에너지는 저장하기에 매우 무거워요. 손에 배터리 몇 개만 들어 보면 무슨 소리인지 금방 알 수 있을 거예요. 필요한 만큼 에너지를 화성으로 가져갈 수 없기 때문에 화성에서 만들어야 해요.

선생님께서 수다로 에너지를 만들 수 있다면, 화성에서 에너지가 부족할 일은 절대 없을 거라고 농담하셨어요. 수다를 떠는 건 우리가 챔피언이죠!

풍력 터빈을 돌리는 건 불가능해요. 화성은 대기의 압력이 너무 약해서 바람이 날개를 밀어낼 정도로 충분히 불지 않거든요.

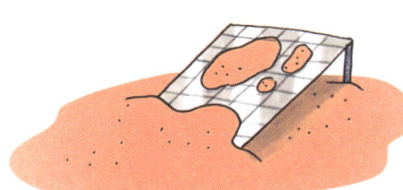

태양 전지판으로 에너지를 만들 수는 있지만, 생활에 필요한 전력을 공급하기에 충분하지 않아요. 게다가 모래 폭풍 때문에 제대로 작동하지 않을 수도 있어요.

미국 항공 우주국이 선택한 해결책은 **원자력**이에요. 기술자들이 '킬로파워'라는 소형 발전소를 만들고 있어요. 킬로파워는 쓰레기통 정도의 크기로, 화성에 처음으로 도착한 우주 비행팀에게 필요한 에너지를 낮이든 밤이든 충분히 생산해 줘요.

또 다른 해결 방안도 있어요. 교실에서 우리들은 그야말로 에너지 덩어리이기 때문에, 너무 많은 연료를 가져갈 필요가 없어요. 우리가 페달을 밟아 에너지를 만들 거예요!

탐험하러 밖으로 나가요

화성에는 마음 내킬 때 여유롭게 산책할 만한 장소가 없어요. 화성 탐험은 미리 계획을 세워야 하고, 철저한 준비가 필요해요. 우리는 시료를 채취할 준비도 마쳤어요!

화성에서 이동하기 위한 세 가지 전략이 있어요.

가까운 곳
우주복을 입고, **가압** 장치가 없는 로버에 타요.
너무 멀리 가지 말고, 최대 15km 정도까지만 가요.
그래야 로버가 고장 났을 때 걸어서 돌아올 수 있어요.

먼 곳
두 명이 일주일 동안 머무를 정도로 크고, 가압 장치를 갖춘 로버에 탑승해요. 그러면 기지에서 대략 100km 떨어진 곳까지 이동할 수 있어요.

캠핑카
이 로버는 이동 주택과 같아요. 생활과 일을 위한 공간이 있으며, 기간이 긴 탐험에 필요한 물품들을 싣고 다닐 수도 있어요.

안전 탐험을 위한 요령

로버가 태양 전지로 작동하는 경우, 완전히 멈춘 상태에서 전지 패널을 배치해야 해요.

문제가 발생했을 때를 대비해 비상 구조 로버를 준비해 두어요.

피곤하면 노래를 불러요.
"앞으로 앞으로 화성은 둥그니까 자꾸 걸어 나가면!"

연구원들이 몇 년에 걸쳐 여러 시범 로버들을 개발했고, 앞으로도 개발할 예정이에요. 예술가들도 상상력을 펼쳐 더욱 멋진 로버를 만드는 데 기여하고 있어요.

정말 멋진 일이에요! 그런데 면허가 없어도 **로버를 운전할 수 있어요?**

쉬는 시간

순서에 따라 로버를 그려 완성한 후, 나만의 개성을 살려 로버를 꾸며 보세요!

1
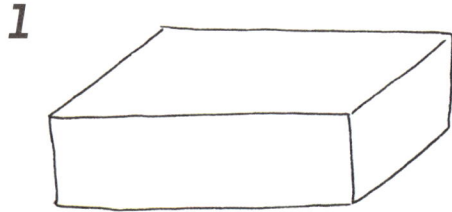

2

3

4

5
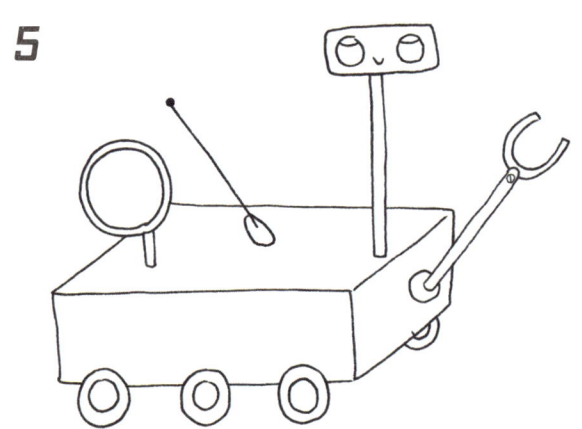

6

지구로 돌아갈 시간이에요!

어떻게 귀환할까요?

화성 탐험을 마쳤어요. 이제 우리들은 지구로 돌아갈 방법을 구상 중이에요. 그런데 지구에 있는 우리 부모님들은 오래전에 우리를 기다리다가 이미 지쳐 버렸대요!

오랜 화성 탐험으로 연료가 바닥났어요. 지구로 다시 돌아오려면, 화성에서 에너지를 만들어 우주선을 작동시키거나 지구에서 화성 주변으로 보낸 다른 우주선까지 셔틀을 타고 가 탑승해야 해요.

화성으로 갈 때와 마찬가지로, 지구로 귀환하는 여행도 직선 경로가 아니에요. 태양 주변을 곡선으로 돌아오지요. 화성과 지구의 위치에 따라 여정은 6개월 또는 1년 이상이 걸려요.

지구로 돌아오는 재밌는 방법들

몇몇 친구들은 뱃멀미를 해요. 만약 화성 여행에서 우주선 멀미를 한다면요? 우리끼리 웃긴 퀴즈를 내 봤어요. "우주선에서 무엇이 녹색일까? 무엇이 올라갔다 내려올까? 그건 바로, 구토야!" 선생님은 이런 장난이 하나도 재미없대요.

화성 여행이 정말 가능할까요?

수리수리 마수리! 미래를 보여 줘! 우리 모두 화성에 대해 열심히 공부했으니, 우리가 첫 번째로 화성에 가면 정말 좋겠어요. 아직 그 누구도 화성에 직접 가 보지 못했지만요!

지구인을 화성으로 보내는 것은 엄청난 계획이에요. 새로운 기술을 개발하고 새로운 지식을 습득해야 할 뿐 아니라, 돈도 아주 많이 들거든요.

오늘 우리가 계획한 기한 안에 화성으로 떠나기 힘들 수도 있지만, 언젠가는 화성 여행이 성공할 거라는 멋진 희망이 있어요.

과학이 발전하고 기술도 발전해요. 또 점점 더 많은 국가와 기관이 화성 여행 프로젝트에 참여하고 있어요.

화성에 대한 연구는 아마도 달 여행에서 먼저 활용될 거예요. 달 기지는 화성을 탐험하러 가기 전에 베이스캠프 역할을 할 수 있어요.

우리가 정말 화성에 가게 될까요? 그렇다면, 지구로 다시 돌아올 수도 있을까요? 미래가 알려 줄 거예요!

미래를 내다보는 수정 구슬 대신, 우리에게는 쉬는 시간에 상상하는 재미가 있어요!

화성을 지구처럼 바꾸기

과연 화성을 인간이 살 수 있는 제2의 지구로 바꿀 수 있을까요?
불가능해 보여도 지구인들은 이 계획을 진지하게 생각하고 있어요!

화성이 또 다른 지구라고요?

우리가 다른 행성이 아닌 화성에 가려는 이유는
분명해요. 화성이 지구 생명체가 살 수 있는
조건을 많이 갖췄기 때문이에요.
어째서 그런지 알아봐요.

지구와 화성은 우리가 제일 좋아하는
행성이에요. 누가 뭐래도 다른 곳에서는
살지 않을 거예요!

화성은 흙과 암석으로 만들어진
행성이에요. 기체로 만들어지지
않았으니, 우리가 발을 딛고
걸어 다닐 수 있어요.

물이 액체 상태로 표면에 흘렀던
먼 옛날, 화성은 지구와 물리적
환경이 비슷했어요. 그리고 이
물은 완전히 사라지지 않았어요.
얼음으로 상태가 변했을 뿐이에요.

화성은 태양과의 거리와 기온, 하루와 1년의
길이가 다른 행성들보다 지구와 비슷해요.
약하긴 해도 중력도 있고요! 이런 환경이라면
지구와 비슷하게 살 수 있을 거예요. 물론 화성의
지구화가 완료되면 말이죠.

제2의 지구는 어디?

어느 행성에 텐트를 칠까요?
세 가지 조건이 다 들어맞는 곳에
체크해 보세요.

1. 행성이어야 해요.
2. 행성의 주성분이 기체이거나 얼음이면 안 돼요.
3. 표면 온도가 400°C 보다 낮지만 영상이어야 해요.

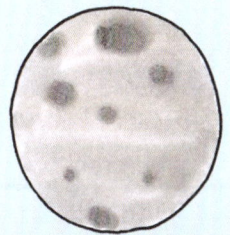

☐ 수성
바위 행성
420°C

☐ 토성
기체 행성
-180°C

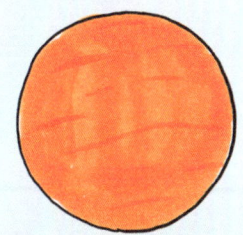

☐ 금성
바위 행성
460°C

☐ 천왕성
얼음 행성
-210°C

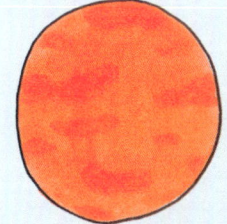

☐ 화성
바위 행성
낮 10°C

☐ 해왕성
얼음 행성
-220°C

☐ 목성
기체 행성
-150°C

☐ 명왕성
행성이 아닌 소행성
-230°C

간단한 마술로 행성을 바꿨으면
좋겠어요. 지팡이로 탁! 화성아,
지구와 쌍둥이 행성이 되어라!

화성을 지구처럼 바꾸기

화성을 어떻게 바꿀까요?

화성이 지구처럼 바뀌려면 엄청 많은 변화가 필요해요.
화성을 변화시키려면 연구원들은 엄청난 도전을 해야 하지요.

화성의 대기는 두 가지 점이 바뀌어야 해요. 하나는 대기가 더 따뜻해져야 하고, 다른 하나는 대기층이 더 두터워지도록 새로운 기체가 더해져야 하지요.

그런 다음, 이 새로운 대기를 유지하려면 보호막을 만들어 태양풍이 기체를 우주로 날려 버리는 것을 막아야 해요. 지구의 자기장이 그런 보호막 역할을 해요.

아무도 이 주제로 발표를 하고 싶지 않았어요. 엄청나게 복잡하니까요! 그래서 제비뽑기를 했는데, 내가 걸렸어요. 무엇부터 시작해야 할까요?

이런 변화는 우리가 알지 못하고, 통제하지도 못하는 아주 복잡한 긴 과정 가운데 하나일 뿐이에요.
아직 우리는 화성을 지구로 만들기 위한 충분한 지식과 기술은 물론, 개발에 필요한 자금도 부족해요.
이것이 과학적으로 가능한지조차 제대로 알지 못해요.

몇몇 사람들은 화성의 물을 녹이고 대기를 두껍게 만들기 위해 핵폭탄으로 화성의 극지방을 폭파하거나, 우주에 거대한 거울을 설치해서 태양 광선을 극지방에 집중해 쏘자고 해요.

심지어는 소행성을 충돌시켜 화성의 대기를 따뜻하게 만들자는 주장도 있어요. 엄청 거대한 프로젝트이지요! 그러나 많은 과학자들이 이런 방법들은 현실적으로 실행하기 어렵다고 생각해요.

대기의 압력과 열은 얼음을 액체 상태의 물로 바꿀 수 있어요. 그러면 우리는 화성에서 미생물이나 식물과 같은 생명체를 기를 수 있을 거예요.

이 식물들이 산소를 만들어 화성을 점점 숨 쉴 수 있는 곳으로 바꾸겠지요!

내일 당장 화성으로 이사 가지는 않을 거예요! 마침 잘됐어요. 우리는 지구에서 지내는 것이 좋고, 지구를 잘 돌보고 싶어요!

쉬는 시간

여러분은 화성에 가고 싶나요? 아니면 로켓에 발도 들여놓고 싶지 않은가요?
여러분의 다양한 생각을 편지로 써 보세요.

친애하는 화성인들에게.
저는 화성인들을 보러 가는 걸 반대하지 않아요. 여러분들은 분명히 아주 친절할 거예요. 문제는 7월 첫째 주말마다, 수박씨 뱉기 대회가 있다는 거예요. 저는 그 대회에 빠질 수 없어요. 대회에 나가지 못하면 트로피를 가져오지 못할 것이고, 그러면 우리 집 선반에 빈자리가 생겨서 엄청 허전할 거예요. 그래서 저는 지구에 남기로 했어요. 하지만 제 방 창문을 통해 여러분에게 꼭 인사한다고 약속할게요!

우스딕 씀

보고 싶은 할머니께.
할머니, 제가 방학 때 얼마나 할머니 집에 가고 싶어 하는지 아시죠? 그런데 이제 못 갈 거 같아요. 왜냐하면요… 제가 화성에 가거든요! 우리는 화성을 탐험하고 과학 실험도 많이 할 거예요. 할머니 집 냉장고에 붙여 놓으시도록, 제가 우주선과 함께 찍은 사진을 보낼게요.

미야 올림

피아노 선생님께.
선생님, 이번 주에 피아노 연습을 하지 못해서 죄송해요. 제가 화성에 가게 되었는데, 거기에는 피아노가 없어서 굳이 힘들게 연습할 필요가 없었어요. 화성에서 돌아오면 선생님을 만나러 갈게요. 그런데 아주아주, 아주 오래 걸릴 거예요!

사뮈엘 올림

머지않아 화성에 가게 될 사람이 있다고 해요.
누구일까요? 어쩌면 여러분일지도 몰라요!
화성에 가는 것은 전 세계 많은 사람들의 꿈이에요.
하지만 꼭 그렇게 화성을 지구처럼 바꾸어야만 할까요?
오늘날, 우리가 살 수 있는 행성은 지구 하나뿐이에요.
그러니 소중히 돌봐야 해요.

우주 과학자의
용어 사전

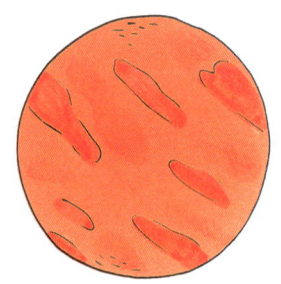

ㄱ

가압
힘을 가해 압력을 높이는 거예요. 화성 대기의 압력은 지구보다 약해서 사람이 살 수 없어요. 적당한 압력을 맞춰 주는 '가압 장치'를 갖춘 우주복 또는 탐사선이 반드시 필요하지요.

갈릴레오 갈릴레이
1564년 이탈리아에서 태어난 물리학자이자 천문학자예요. 망원경을 만들고 개선하여 달 표면, 금성과 목성의 위성, 태양의 흑점, 토성의 띠 등을 관측했어요. 천동설을 주로 믿었던 시대에 지동설을 주장하며, "그래도 지구는 돈다."라는 명언을 남기기도 했지요.

국제 우주 정거장
1998년부터 전 세계 16개국이 힘을 모아 건설하기 시작했어요. 무게 419t, 최대 너비 109m 규모로 사람이 우주 공간에서 장기간 머물며 다양한 과학 관측과 실험을 할 수 있어요. 탐사선에 연료를 보급하거나 위성 발사를 위한 기지로 사용되기도 해요.

극관
화성의 북극과 남극 지역의 얼음과 눈으로 덮여 있는 흰 부분을 말해요.

ㄴ

난류
지면이나 공기 간 마찰로 인해, 공기가 작은 소용돌이를 일으키며 불규칙하게 흐르는 현상을 말해요.

ㄷ

단층
땅과 암석이 강한 힘을 받아 끊어져 어긋난 것이에요.

드라이아이스
이산화 탄소가 압축, 냉각된 흰색 고체예요.

ㄹ

로잘린드 프랭클린
엑소마스 프로젝트의 두 번째 탐사선에 실릴 로버예요. 2018년에 발사할 계획이었지만, 낙하산 테스트 실패와 여러 이유 때문에 발사가 2022년으로 늦춰졌어요.

ㅁ

마스 익스프레스
유럽 우주국과 러시아 과학자들이 만든 유럽 최초의 화성 탐사선이에요. 2003년에 발사되었어요.

마찰열
두 물체가 서로 닿아 비벼지며 부딪힐 때 생기는 열이에요.

매리너 4호
1964년에 발사된 미국 화성 탐사선이에요. 미국 최초로 화성 탐사에 성공했지요.

메탄
무색무취의 기체예요. 자연적으로는 늪이나 습지의 흙 속에서 유기물의 부패와 발효에 의해 발생해요.

미국 항공 우주국
미국의 국가 기관으로, 우주 계획과 항공 연구를 해요. 흔히 나사(NASA)라고 줄여 말하지요.

ㅂ

방사선
방사성 원소가 붕괴되며 방출되는 입자나 전자기파를 말해요. 강한 방사선은 생명체에 좋지 않은 영향을 미쳐요. 그러나 의료, 공업, 농업에서 방사선을 적절히 활용하면 유익을 얻을 수 있어요. 엑스레이 사진을 촬영하거나, 건축물의 구조를 측정하고, 식물의 품종을 개량하는 등의 일을 할 수 있지요.

방사체
빛, 열, 전파 따위의 전자기파를 방출하는 물체예요. 태양을 비롯한 별들도 방사체이지요.

빙관·빙모
산 정상이나 고원을 덮은 돔 모양의 얼음과 눈을 말해요. 잘 녹지 않으며 대륙 빙하보다 작아요.

ㅅ

산화 철
녹슨 철로 철과 산소의 화합물이에요.

소저너
1997년 화성에 착륙한 탐사선, 마스 패스파인더의 이동식 로버예요. 미국 최초의 화성 무인 탐사차이지요.

스키아파렐리
엑소마스 프로젝트로 2016년에 발사한 화성 착륙선이에요.

스페이스X
일론 머스크가 설립한 민간 항공 우주 기업으로, 미국 캘리포니아주에 위치해 있어요. 여러 번 사용할 수 있는 로켓 발사 시스템을 개발하기 위해 수많은 도전을 해 성과를 거두었어요.

스피릿
미국 항공 우주국이 2003년에 발사한 두 번째 화성 탐사 로버예요. 예정보다 오래 임무를 수행하다가, 2010년 3월에 지구와 통신이 끊겼어요.

승화
고체에 열을 가하면 액체가 되는 일 없이 곧바로 기체로 변하는 현상을 뜻해요.

3D 프린터
설계도를 따라 입체 물건을 인쇄하는 기계예요. 자동차나 비행기, 인공 관절이나 뼈, 심지어 거대한 건축물까지 인쇄할 수 있어요.

시료
특정한 목적을 가진 시험이나 검사, 분석에 사용되는 물질이나 생물을 말해요.

ㅇ

아말
2020년에 아랍 에미리트에서 쏘아 올린 화성 탐사선이에요. 2021년 2월에 화성에 도착해 임무를 수행하고 있어요.

압력과 끓는점
압력이 높아지면 액체가 끓기 시작하는 온도인 끓는점이 높아져서 쉽게 끓어오르지 않아요. 반대로 압력이 낮아지면 끓는점이 낮아져 낮은 온도에서도 끓기 시작해요.

엑소마스
유럽 우주국과 러시아 연방 우주국의 공동 화성 탐사 프로젝트예요. 2016년에 엑소마스가 가스 추적 궤도선과 소형 착륙선인 스키아파렐리를 싣고 발사되었어요.

역추진 로켓
비행 중인 우주선이나 인공위성에 브레이크를 걸 때 분사하는 로켓이에요.

염생 미생물
소금기가 많은 곳에서 자라는 미생물을 말해요.

오퍼튜니티
미국 항공 우주국이 2003년에 발사한 세 번째 화성 탐사 로버로, 두 번째 화성 탐사 로버 스피릿이 착륙하고 3주 후에 착륙했어요. 2018년에 화성에 강력한 모래 폭풍이 불어 활동을 중지한 뒤, 지구와의 통신이 끊겼어요.

우주 방사선
우주에서 날아오는 에너지 높은 입자선을 뜻해요. 태양풍도 우주 방사선 중 하나예요.

원심 분리기
원심력을 이용하여 섞여 있는 물질을 분리하는 장치예요. 원심력은 원운동을 하는 물체가 바깥으로 나아가려는 힘이에요.

원자력
원자핵이 쪼개지거나 합해질 때 나오는 에너지예요.

위성
행성이 끌어당기는 힘 때문에, 그 행성 주위를 도는 천체를 말해요. 예를 들어, 지구의 위성은 달이지요. 행성 둘레를 돌도록 로켓을 이용해 쏘아 올린 인공 장치도 위성이라고 불러요.

인사이트
2018년 미국 항공 우주국에서 보낸 화성 지질 탐사 착륙선이에요.

인제뉴어티
2020년에 미국 항공 우주국에서 퍼서비어런스와 함께 화성으로 보낸 헬리콥터예요. 퍼서비어런스가 탐사할 곳을 정해 주고, 탐사차가 가기 어려운 절벽이나 협곡 지형을 탐사할 예정이에요.

ㅈ

자기장
자석이나 전류가 흐르는 전선 주위에 생기는 힘이 작용하는 공간이에요. 지구는 마치 안에 거대한 막대자석이 들어 있는 것처럼, 자기장이 있어요. 지구 자기장은 생명체에 해로운 우주 방사선을 차단하고, 지구의 대기가 우주로 날아가는 걸 막아요.

지의류
균류와 조류가 함께 살아가는 모습을 하고 있어요. 곰팡이나 버섯과 같은 균류는 엽록소가 없고, 물속에서 사는 녹조류나 홍조류 등은 뿌리가 발달되지 않았어요. 그래서 이 둘은 서로 도우며 함께 살아가기도 해요.

ㅋ

큐리오시티
2011년 미국 항공 우주국에서 화성에 보낸 탐사차예요.

크레이터
행성이나 위성 표면에 보이는 움푹 파인 큰 구덩이 모양의 지형을 말해요. 화산 활동이나 운석의 충돌로 생긴 거예요.

ㅌ

톈원 1호
2020년 중국에서 화성으로 보낸 탐사선이에요. 2021년 화성에 도착해 임무를 수행하고 있어요. 중국은 미국 다음으로 화성에 로버를 착륙시키는 데 성공했어요.

ㅍ

퍼서비어런스
2020년 미국 항공 우주국에서 보낸 탐사차예요. 2021년에 화성에 착륙했지요. 퍼서비어런스의 중요한 목표는 앞으로 인간들이 화성에 와서 탐사할 수 있도록 필요한 정보를 알아내는 거예요.

퍼시벌 로웰
1855년 미국에서 태어난 천문학자예요. 일본과 조선을 여행하며 미국에 우리나라를 소개하기도 했지요. 1894년에 고도가 높은 지역으로 이주해 천문대를 짓고, 15년 동안 화성을 관측했어요.

피닉스
2007년에 미국 항공 우주국에서 쏘아 올린 탐사선이에요. 9개월 동안 비행해 화성 북극 지역에 착륙했어요. 처음으로 화성의 샘플을 채취했지요.

ㅎ

허블 우주 망원경
1990년에 지구 주변 궤도로 발사된 우주 망원경이에요. 가장 크고 쓰임이 많아 현재까지 우주를 관측하고 연구하는 데 유용하게 쓰여요.

혐기성
산소가 없는 조건에서 자라는 성질을 뜻해요.

형상 기억 재료
모양을 변형시켰더라도 일정한 온도에 이르면 순식간에 원래 모양으로 되돌아가는 재료를 말해요.

호냉성
낮은 온도에서 더 좋은 생존력과 번식력을 나타내는 성질이에요.

호열성
높은 온도에서 더 좋은 생존력과 번식력을 나타내는 성질을 말해요. 온천 생물에서 흔히 볼 수 있어요.

Demain on part sur Mars
by Muriel Zürcher and Candelá Ferrández
Copyright© Editions Larousse, 2021

Korean translation copyrights©2021, Greenapple Publishing co.,
This Korean edition is published by arrangement with Editions Larousse
through Bookmaru Korea literary agency in Seoul.

All rights reserved.

이 책의 한국어판 저작권은 북마루코리아를 통해 Editions Larousse와의 독점계약으로 그린애플이 소유합니다.
신 저작권법에 의하여 한국내에서 보호를 받는 저작물이므로 무단 전재와 복제를 금합니다.

Go! Go! 화성 탐험대
우주 여행하는 어린이를 위한 안내서

초판 1쇄 발행 2021년 12월 20일
초판 2쇄 발행 2022년 9월 27일

글 뮈리엘 쥐르세 | **그림** 캉델라 페란데즈 | **옮김** 최린 | **감수** 전은지

펴낸이 이범상
펴낸곳 (주)비전비엔피 · 그린애플

기획 편집 이경원 차재호 김승희 김연희 고연경 박성아 최유진 김태은 박승연
디자인 최원영 한우리 김현진 | **마케팅** 이성호 이병준
전자책 김성화 김희정 | **관리** 이다정

주소 우) 04034 서울특별시 마포구 잔다리로7길 12 (서교동)
전화 02) 338-2411 | **팩스** 02) 338-2413 | **홈페이지** www.visionbp.co.kr
인스타그램 www.instagram.com/greenapple_vision | **포스트** post.naver.com/visioncorea
이메일 gapple@visionbp.co.kr

등록번호 제2021-000029호

ISBN 979-11-976190-3-8 74400
       979-11-976190-2-1 (세트)

• 값은 뒤표지에 있습니다.
• 잘못된 책은 구입하신 서점에서 바꿔드립니다.